Zeitgeschichte

Zeitgeschichte
Ullstein Buch Nr. 33053
im Verlag Ullstein GmbH,
Frankfurt/M – Berlin – Wien

Originalausgabe

Umschlagentwurf:
Hansbernd Lindemann
Umschlagfoto:
Ullstein Bilderdienst
Layout: Ditmar Bernhardt

Redaktion: Reinhard Barth
Bildbeschaffung: Jens Berg
Mitarbeiter: Leopold Vrba
Karten: ani Wien
Gestaltung: Peter Buschan

Printed in Germany 1980
Gesamtherstellung:
Ebner Ulm
ISBN 3 548 33053 3

Oktober 1980

Vom selben Autor
in der Reihe der
Ullstein Bücher:

Der Kriegsausbruch (33011)
Der Frankreichfeldzug (33052)

CIP-Kurztitelaufnahme der
Deutschen Bibliothek

Zentner, Christian:
Schlacht um England: d. Bombardierung
Coventrys am 14./15. November 1940;
Daten, Bilder, Dokumente / Christian
Zentner. – Orig.-Ausg. – Frankfurt/M,
Berlin, Wien: Ullstein, 1980.
(Ullstein-Bücher; Nr. 33053:
Zeitgeschichte)
ISBN 3-548-33053-3

Christian Zentner

Schlacht um England – Die Bombardierung Coventrys am 14./15. November 1940

Daten, Bilder, Dokumente

Zeitgeschichte

Inhalt

Vorwort

Geblendet von ihren Erfolgen im ersten Kriegsjahr, dem raschen Zusammenbruch Polens, der Besetzung Dänemarks, dem Handstreich über See gegen Norwegen und schließlich dem triumphalen Westfeldzug gegen Frankreich, Belgien und die Niederlande, planten Hitler und seine Militärs noch im Sommer 1940 den Übergang über den Kanal, die Invasion Englands.

Das Inselreich schien entschlossenem Zugriff offenzustehen. Zwar hatte es noch Soldaten, aber deren Ausrüstung lag am Strand von Dünkirchen. Und seine Luftabwehr, die Jagdgruppen der Royal Air Force, würden binnen kurzem zertrümmert werden. So versprach es Luftwaffenchef Hermann Göring – und so glaubten es die Menschen in der Heimat, die im August und September 1940 immer neue Nachrichten von immer heftigeren Luftkämpfen über England lesen sollten und in den Monaten darauf von immer stärkeren Bombardements der britischen Städte, bis sich nicht mehr verheimlichen ließ, daß auch die eigenen Verluste immer größer wurden.

Hitler und England

Es ist eine Tatsache, daß Hitler den Krieg gegen England – im Gegensatz zum Krieg gegen Rußland und auch gegen Frankreich – nicht gewollt und nicht geplant hat. England war vielmehr in Hitlers Plänen eine ähnliche Rolle zugedacht wie Italien: die eines Partners, der freilich nach und nach zu einem abhängigen Juniorpartner herabgedrückt werden müßte.

Ebenso ist es eine Tatsache, daß auch England den Krieg gegen Hitler nicht gewollt und nicht geplant hat. Es ist vielmehr sehr widerwillig und ohne ein klares Kriegsziel in den Krieg hineingerutscht, weil die englischen Garantien, die Hitler vom Krieg hatten abschrecken sollen, für Polen und andere europäische Staaten ihren Zweck nicht erfüllt hatten. Da Hitler die Warnungstafeln, die England vor ihm aufgerichtet hatte, einfach überfuhr, blieb England keine Wahl als die zwischen Blamage und Kriegserklärung – wobei der Kriegserklärung immer noch lange Zeit keine aktive Kriegführung folgte.

Schließlich ist es eine Tatsache, daß im Sommer 1940 Hitler zweimal – am 15. Juni in einem Interview mit einer amerikanischen Zeitung, am 19. Juli in einer Reichstagsrede – Friedensbereitschaft gegenüber England signalisierte und daß auf verschiedenen unteren Ebenen in dieser Zeit auch tatsächlich Friedensfühler ausgestreckt wurden. Der Frieden schien sozusagen in der Luft zu liegen, und Hitlers Ausspruch: »Ich sehe keinen Grund, der zur Fortführung dieses Kampfes zwingen könnte«, klang einleuchtend, auch in manchen englischen Ohren. Der »Festlandsdegen« Frankreich war England aus der Hand geschlagen; allein konnte es den Kontinent unmöglich zurückerobern. Andererseits hatte Hitler kaum die Möglichkeit und vielleicht nicht einmal den ernstlichen Willen, England zu erobern. Es war ein militärisches Patt eingetreten, und Pattsituationen sind normalerweise Friedenssituationen.

Trotzdem kann man heute, nachdem alle Akten zugänglich geworden sind, und auch das, was damals geheim blieb, offen zutage liegt, mit voller Sicherheit sagen, daß es im Sommer 1940 keine wirkliche Friedensmöglichkeit gegeben hat. Es stimmt zwar, das Churchills unbedingter Kriegswille nicht von allen Mitgliedern seines Kabinetts und seiner Partei geteilt wurde. Aber Frieden zu den Bedingungen Hitlers wäre auch von den „Appeasern" als Kapitulation empfunden worden. Es gab einen einzigen Augenblick, in dem einige von ihnen, unter dem unmittelbaren Schock der Niederlage, trotzdem vielleicht verhandlungsbereit gewesen wären: Das war bezeichnenderweise Ende Mai, vor Dünkirchen, nicht nachher.

Aber zu diesem Zeitpunkt gab es kein deutsches Verhandlungsangebot. Nach dem erfolgreichen Rückzug der englischen Expeditionsarmee über den Kanal hatten sich die Nerven wieder beruhigt; kühle Überlegung und nicht etwa nur der Mut der Verzweiflung, sagte im Juni und Juli auch den friedenswilligsten englischen Politikern, daß England auf einen Frieden, den Hitler diktierte, noch nicht angewiesen war. Wenn Hitler wirklich Frieden mit England wünschte, dann machte er nämlich in diesen beiden Monaten einen großen, fast unbegreiflichen psychologischen Fehler: Er übersah, daß England kein besiegtes Land war. Für England traf im Sommer 1940 tatsächlich zu, was de Gaulle, wenngleich weniger zutreffend, von Frankreich sagte: Es hatte eine Schlacht verloren, aber nicht den Krieg. Seine Flotte und Luftwaffe – die beiden wichtigsten Waffen um den Inselstaat wirkungsvoll zu verteidigen – waren intakt. Das Land fühlte sich keineswegs am Ende seiner Kräfte. Im Gegenteil: Es fing gerade erst an, seine Kräfte zu entfalten. Der Weg zum Siege mochte nach dem Ausfall Frankreichs nicht abzusehen sein, aber verteidigen konnte

Nach der offiziellen Gründung der Luftwaffe pflegte Görings Staatssekretär Erhard Milch einen regen Informationsaustausch mit der RAF, um die englische Regierung von den »friedlichen Absichten« Hitlers gegenüber Großbritannien zu überzeugen. Hier sieht man Milch im Gespräch mit dem englischen Botschafter Henderson bei einem Empfang im Berliner Haus der Flieger.

sich England noch allemal. Es brauchte noch nicht klein beizugeben. Und gerade das war es, was Hitler von England erwartete und verlangte. Seine Friedensbedingungen, in dem Zeitungsinterview vom 15. Juni deutlicher skizziert als in der Reichstagsrede vom 19. Juli, waren die Bedingungen eines großmütigen Siegers, nicht die eines Kompromißfriedens von Macht zu Macht: England sollte sein Empire behalten dürfen (mit Ausnahme der ehemaligen deutschen Kolonien, die sollte es allerdings zurückgeben), und es brauchte weder Staatsform noch Regierung zu ändern; nicht einmal seine Waffen sollte es niederlegen. Großmütig! Aber in allen wirklichen Streitfragen, über die der Krieg entbrannt war, sollte es hundertprozentig kuschen: Kein englisches Mitspracherecht mehr auf dem europäischen Kontinent; freie Hand für Hitler gegenüber Frankreich, Holland, Belgien, Norwegen, Dänemark – gegenüber Polen und der Tschechoslowakei natürlich sowieso. Mit anderen Worten: England sollte sich geschlagen geben – was es doch nun einmal noch nicht war. Es hätte einen Sonderfrieden bekommen, durch den es seine Verbündeten preisgab. Um seine Existenz zu retten, müßte es sein Wort brechen und als europäische Großmacht abdanken. Aber seine Existenz zu retten, war es auch ohne solche Opfer noch in der Lage. Das war es, was Hitler merkwürdigerweise nicht sah – oder nicht sehen wollte.

Noch etwas anderes ist merkwürdig: Nämlich daß Hitler, nachdem er Frankreich aus dem Felde geschlagen hatte, sein Friedensangebot nicht etwa dem besiegten Frankreich, sondern dem unbesiegten England machte. Das widersprach allen Regeln des Koalitionskrieges. Wer eine feindliche Koalition durch Sonderfriedensschlüsse sprengen will, muß sich dafür an die Besiegten und Geschwächten halten: Sie werden auf einigermaßen akzeptable Bedingungen, die ihnen die Existenz lassen, normalerweise notgedrungen eingehen, und wenn die Bedingungen großzügig sind, kann das unter Umständen den Kriegswillen auch der noch unbesiegten Koalitionspartner schwächen. Napoleon hatte auf diese Weise aus besiegten Feinden manchmal sogar Verbündete gemacht, und auch die deutsche Politik gegenüber Rußland im Ersten Weltkrieg (wie die alliierte gegenüber Italien im Zweiten) entsprach solcher politischen Gesetzmäßigkeit. Hitler aber dachte gar nicht daran, das besiegte Frankreich durch einen Sonderfrieden »umzudrehen«, obwohl es ihm von einigen damals maßgeblichen französischen Politikern sogar nahegelegt wurde. Für Besiegte kannte Hitler nur eins: unterwerfen. Einen Sonderfrieden sollte vielmehr das unbesiegte England schließen – und damit die Niederlage seines besiegten Bundesgenossen besiegeln.

Genauso hatte es Hitler schon nach dem Sieg über Polen gehalten: England und Frankreich, hatte er am 6. Oktober 1939 erklärt, könnten immer noch Frieden haben – unter der Bedingung, daß über Polen nicht mehr geredet würde. Indem Hitler seinen Eroberungswillen jedoch derart demaskierte, verstärkten sich die Gründe, die England ursprünglich zur Kriegserklärung getrieben hatten. Aber das sah Hitler merkwürdigerweise nicht. Denn derartige Sonderfriedensangebote an unbesiegte Koalitionsmitglieder bei gleichzeitiger totaler Unterwerfung der Besiegten haben unverkennbar einen terroristischen Zug; die darin liegende Zumutung, mißhandelte Bundesgenossen im Stich zu lassen, um die eigene Haut zu retten, ist ein Appell an die Furcht: »Gib auf, sonst geht es dir wie ihnen.« Und genau auf diese Zumutung, die Hitler in seinem Zeitungsinterview am 15. Juni deutlich umschrieben hatte, antwortete Churchill im Unterhaus fünf Tage später: »Was wir verlangen, ist gerecht, und wir nehmen nichts davon zurück.

Zum Bild auf den beiden folgenden Seiten: Von angriffslustigen Flugzeugen umschwärmt, taucht ein monströser deutscher Riesentank aus den Wellen des Ärmelkanals zur Landung auf. Das Phantasiegebilde eines englischen Pressezeichners vom Sommer 1940 spiegelt die Alpträume vieler seiner Landsleute wider, die Hitlers Entschlossenheit zu einer Invasion damals weit überschätzten.

MONTAGUE.B. BLACK

Kein Jota, keinen I-Punkt lassen wir ab. Tschechen und Polen, Norweger, Holländer und Belgier haben ihre Sache mit der unseren vereint. Sie alle müssen wieder aufgerichtet werden.« Um das Maß voll zu machen, fügte er hinzu: »Die Nazityrannei muß für immer gebrochen werden.« Hiermit allerdings ging er zu diesem Zeitpunkt möglicherweise weiter, als sein Kabinett und seine Partei bereit waren zu folgen. Zwar hatte auch Chamberlain schon am 12. Oktober 1939 erklärt, mit Hitler werde England nicht mehr verhandeln, sondern nur noch »mit einer deutschen Regierung, deren Wort man trauen kann«. Aber das ließ noch vieles offen; für Chamberlain hätte es damals vielleicht noch genügt, wenn Hitler sich vorübergehend auf den Posten des Reichspräsidenten zurückgezogen und den Reichskanzlerposten zumindest für die Zeit von Friedensgesprächen Göring überlassen hätte. Von dort bis zu Churchills gnadenloser Kampfansage an »die Nazityrannei« ist ein weiter Weg. Immerhin darf man eins nicht übersehen: Eins der größten Hindernisse für einen deutsch-englischen Frieden war seit dem Kriegsausbruch in der Tat Hitler selbst geworden. Wenn er schon im Herbst 1939 sogar für den friedfertigen Chamberlain kein möglicher Verhandlungspartner mehr gewesen war – inzwischen hatte er sich durch seine Schreckensherrschaft in Polen, durch Neutralitätsbrüche und durch seinen ganz unverhüllt zu Tage getretenen Herrschaftsanspruch über den ganzen Kontinent immer unmöglicher gemacht. Da er gleichzeitig jede Opposition in Deutschland – die es im Herbst 1939 durchaus noch gegeben hatte – durch seine Erfolge zum Schweigen brachte, so daß bei Friedensverhandlungen kein Weg mehr an Hitler vorbeigeführt hätte, fehlte der englischen Friedenspartei jetzt ein deutscher Partner.

Darüber war schwer hinwegzukommen, und darin lag die entscheidende Schwäche gegenüber Churchill, der ohnehin nicht über den Frieden verhandeln wollte, sondern entschlossen war, den Krieg bis zum letzten durchzukämpfen – »wenn nötig, jahrelang; wenn nötig, allein«. Ausgeglichen war diese Schwäche nur so lange, wie auch Churchill der Partner fehlte, den er für den Sieg brauchte. Denn daß England »allein« sich wohl erfolgreich verteidigen, aber den Krieg nicht gewinnen konnte, lag auf der Hand. Indessen, im Laufe des Sommers fand - oder gewann - Churchill seinen Siegespartner: den amerikanischen Präsidenten Roosevelt. Seine stillen Widersacher im Kabinett dagegen fanden ihren deutschen Friedenspartner nie; und damit waren ihre tastenden Versuche, einen gangbaren Ausweg aus dem Krieg zu finden, zum Absterben verurteilt. Als Hitler am 19. Juli seine »Friedensrede« im Reichstag hielt, hatte die englische »Friedenspartei« schon aufgegeben. Bezeichnenderweise war es ihr einflußreichster Vertreter, der Außenminister Lord Halifax - und nicht etwa Churchill selbst -, der drei Tage später im Rundfunk das englische »Nein« zu Hitlers »Angeboten« formulierte.

Lord Halifax war nicht, wie Churchill, ein Mann des »Sieges um jeden Preis«. In den Tagen, als Churchill davon sprach, daß man im Invasionsfall London Haus für Haus verteidigen würde - »sein Häusermeer könnte eine ganze Armee verschlingen« - hatte Lord Halifax im Privatgespräch trocken geäußert, er sei nicht so schnell damit bei der Hand, das eigene Haus niederzubrennen; wenn man es eine Weile aufgeben müsse, könne man es ja immer noch wieder bekommen. Und einen Augenblick hatte es gegeben, in dem Lord Halifax tatsächlich eine Kabinettsrevolte gegen Churchill anführte. Das war am 25. Mai, als sich in Frankreich die Katastrophe der nördlichen Heeresgruppe (einschließlich der britischen Expeditionsarmee) bereits abzeichnete und der französische Ministerpräsident Reynaud verzweifelt vorschlug, eine italienische Friedensvermittlung anzuregen (Frankreich war noch im Krieg, Italien noch nicht). Damals hatte Lord Halifax im Kabinett gesagt, man könne wahrscheinlich günstigere Friedensbedingungen bekommen, solange Frankreich noch kampffähig und England noch nicht bombardiert sei, und hatte gegen Churchills erbitterten Widerstand durchgesetzt, daß man sich

Nach dem Verlust ihres besten Kriegsmaterials entwickelte die britische Armee in aller Eile einen behelfsmäßigen Panzerkampfwagen. Der Namen »Ironside« sollte an Cromwells gepanzerte Reiter erinnern.

gegebenenfalls dann auf Friedensgespräche einlassen sollte.

Zu solchen Friedensgesprächen war es aber damals dann doch nicht gekommen; denn nach Dünkirchen sah alles schon wieder ein bißchen anders aus. Immerhin blieb Halifax dabei, daß »Englands Politik jetzt von gesundem Menschenverstand und nicht von Angeberei« bestimmt sein sollte, und ließ seine Diplomaten in Schweden, der Schweiz und Amerika Friedensmöglichkeiten sondieren – bei ihren neutralen Kollegen, gelegentlich auch bei deutschen Mittelsmännern. Aber bei diesen Sondierungen kam nichts Greifbares heraus, auch ehe Churchill davon erfuhr und mit Löwenpranke dazwischenfuhr. Und Halifax war zwar kein Mann des »Sieg um jeden Preis«, aber auch kein Mann des »Frieden um jeden Preis«, sondern eben ein Mann des gesunden Menschenverstandes (und übrigens ein guter Patriot). Als er sah, daß er mit seinen vagen Friedensfühlern nicht weiterkam, während Churchill mit seiner kühneren Politik durchaus Erfolg hatte, schwenkte er auf Churchills Linie ein.

In den Katastrophentagen des französischen Zusammenbruchs hatte es für England weder eine Friedens- noch eine Siegesperspektive gegeben. Zwei Monate später gab es eine annehmbare Friedensperspektive immer noch nicht. Aber eine Siegesmöglichkeit war jetzt, wenn auch nur mit einem starken Fernglas, wieder zu erkennen, und das war Churchills Werk: Er hatte nämlich Roosevelt überzeugt, daß England weiterkämpfen würde, daß es sich halten könnte und daß es sich für Amerika lohnte, Englands Kampf zu unterstützen, bis es selbst in der Lage wäre, den Kampf gegen Hitler mit einiger Aussicht auf Erfolg zu führen.

Das war nicht leicht gewesen. Roosevelts Botschafter in London, Kennedy (der Vater des späteren Präsidenten), hatte Englands Lage tagtäglich in den schwärzesten Farben gemalt; Roosevelts militärische Berater, voran General Marshall, hatten ihn beschworen, keine amerikanischen Waffen mehr in Englands verlorenen Krieg zu stecken; und Roosevelt selbst, ganz abgesehen von allen innenpolitischen Rücksichten, die er in einem Wahljahr zu nehmen hatte, mißtraute der englischen Entschlossenheit. Er kannte das England Chamberlains und Halifax' zu gut. Das entscheidende Ereignis, das seine Zweifel in dieser Hinsicht beseitigte, war Churchills brutaler Schlag gegen die französische Flotte in Oran am 3. Juli. Von diesem Tag an festigte sich das persönliche Vertrauensverhältnis zwischen Churchill und Roosevelt, um das Churchill schon seit seinem Amtsantritt in einer nie abreißenden Korrespondenz geworben hatte und aus dem sich die amerikanisch-englische Kriegsallianz entwickeln sollte. Als am 19. Juli Roosevelt in der Rede, mit der seine Kandidatur für eine dritte Amtsperiode anmeldete, zum erstenmal die Achsenmächte öffentlich als »den Feind« bezeichnete, war das für das politische London bereits ein viel wichtigeres Ereignis als Hitlers

Reichstagsrede. Churchills Kriegs- und Siegeskonzeption begann, Gestalt anzunehmen. Die Friedenshoffnungen der Appeasementschule versickerten. Der Schattenkampf – mehr war es nie gewesen – zwischen Churchill und Lord Halifax war zu Ende, und Churchill hatte ein einiges Land hinter sich.

Grundlage dieser Einigkeit war das Vertrauen, gegen einen Invasionsversuch Hitlers einen erfolgreichen Defensivkampf führen zu können, und die aufkeimende Hoffnung, in einigen Jahren im Bündnis mit Amerika auch zu einer erfolgreichen Offensive fähig zu sein. Hitler blieb das nicht verborgen. »Irgend etwas ist in London passiert«, äußerte er am 31. Juli in einer militärischen Stabskonferenz. »Die Engländer waren schon ganz untendurch; jetzt sind sie wieder obenauf.« Allerdings war er blind dafür, daß der Grund dafür in Amerika zu suchen war; stattdessen glaubte er, die Engländer hofften jetzt auf Rußland – und fand darin ein zusätzliches Argument für seine Pläne eines baldigen Rußlandkrieges.

Die Hoffnung, die Engländer doch noch »zur Vernunft zu bringen«, gab er deswegen noch nicht auf. Nur sollte das jetzt mit gröberen Mitteln geschehen: mit schweren Luftangriffen, mit Invasionsdrohung, äußerstenfalls vieleicht mit einem wirklichen Invasionsversuch. Die Pläne dafür waren allerdings so improvisiert und undurchdacht wie die vorangegangenen für den friedlichen »Ausgleich«. Und die Psychologie dieser zweiten, brutaleren »Friedensoffensive« war noch fataler: Sie reizte den Löwen, ohne ihn zu töten.

Landungspläne

Am 2. Juli 1940 – Frankreich war seit zwei Wochen besiegt – kam ein Befehl aus dem Führerhauptquartier: Der Führer und Oberste Befehlshaber habe entschieden, daß eine Landung in England möglich sei, vorausgesetzt, daß die Luftüberlegenheit errungen werden könnte und gewisse andere, notwendige Voraussetzungen erfüllt werden . . . Wörtlich hieß es weiter: »Da England ungeachtet seiner militärisch hoffnungslosen Lage keine Anstalten macht, sich mit uns zu verständigen, habe ich beschlossen, eine Landungoperation gegen England vorzubereiten und wenn nötig auch durchzuführen . . . Die Vorbereitungen für die gesamte Operation müssen bis Mitte August abgeschlossen sein.« Der Chef des Oberkommandos der Wehrmacht (OKW), Keitel, trug den Führungsstäben der drei Wehrmachtteile auf, diesbezügliche »Vorüberlegungen« anzustellen: »Alle Vorbereitungen müssen dem Rechnung tragen, daß der Plan, in England zu landen, noch keineswegs feste Gestalt angenommen hat, und daß es sich nur um eine Vorbereitung eines möglichen Falles handelt . . .«

Der Auftakt der Luftschlacht um England bestand für die Luftwaffe im Einsatz gegen die Häfen Falmouth, Portland, Weymouth und Dover sowie die Kanalgeleitzüge. Offiziell wurde die Jagd auf britische Konvois im Kanalgebiet am 11. Juli freigegeben. Schon vier Tage später meldeten die Luftflottenchefs »volle Einsatzbereitschaft« gegen England. Oberst Johannes Fink, 50 Jahre alt und noch immer aktiver Flieger, wurde eigens für die »Channel-Battle« zum »Kanalkampfführer« ernannt. Die zweite Julihälfte über und in der ersten Augustwoche flogen seine Bomber- und Jagdgruppen Angriffe auf Schiffskonvois und Hafenanlagen. Der

Höhepunkt kam am 8. August, als die britische Admiralität, obwohl die Straße von Dover mittlerweile gefährliches Gebiet für Frachter geworden und man ihre Last, Kohlen, auch genausogut über Land, auf dem Schienenwege transportieren konnte, ein Geleit von Kohledampfern auf eine Nachtfahrt durch den Kanal schickte - des Prestiges wegen.

Ein Kapitän zur See der Reserve hielt vor den Schiffsführern von über zwei Dutzend Kohlenfrachtern in der Tanzhalle am Southend-Pier eine Ansprache. Er sagte, daß sie nun unter dem Befehl der Admiralität führen, ihre »Pötte« beschlagnahmt wären und die Deutschen angeblich den Kanal dicht gemacht hätten. Diese Lüge zu widerlegen, sei der Auftrag. Er sagte: »Auf eure Kohle geben wir einen Dreck. Wenn es sein muß, würden wir euch auch leer losschicken. Es ist eine Sache des Prestiges.«

Mit der Abendflut des 7. August verließ der Konvoi CW 9 die Themse. Als Eskorte fuhren neun Marine-Schiffe, davon zwei Zerstörer mit Flak und Fesselballons, mit.

Die Deutschen betrieben auf den Klippen von Wissant, gegenüber Folkestone, eine »Freya«-Anlage. Sie machte den Konvoi schon früh aus. In der Abenddämmerung versenkten deutsche Torpedoboote drei Kohlenschiffe und beschädigten drei weitere.

Morgens machten sich die Stukas fertig. Wolkenbasis über 650 Meter. Nicht viel Freiraum für die Sturzbomber. Außerdem führten die Tommies Fesselballons mit, und Air Vice-Marshal Keith R. Park, Chef der 11. Gruppe, schickte fünf Staffeln herüber. Die Ju 87 konnten nicht gezielt bomben. Mittags eine andere Taktik: Über 30 Me 109 vom JG 27 und einige Me 110 begleiteten ein Geschwader von Ju 87. Der Radarposten in Ventnor auf der Isle of Wight erfaßte den Verband. Dreißig Maschinen der Jagdstaffeln von der 10. und 11. Gruppe brausten sofort los. Die deutschen Begleitjäger warfen sich ihnen entgegen. Nun konnten die Sturzkampfbomber aus St. Malo, Caen und Angers ungestört angreifen. Der Einsatz am Morgen bei Brighton hatte nichts eingebracht. Diesmal aber mußte es klappen.

Bis Ende Juli 1940 beschränkte sich der Luftkrieg gegen England auf die Bekämpfung von Schiffszielen sowie Angriffe auf einige Häfen. So sieht der Bombenschütze einer He 111 sein Opfer, einen kleineren Dampfer im Kanal.

So fliegen sie erneut an. Dicht unter den Wolken. In Formation, wie ein Schwarm Raubvögel mit vorgestreckten Greifern. Lauernd, suchend, gierig.

Die See geht mächtig und schillert graugrün. Wogenberge drängen vorbei, und der Sturm reißt die schaumigen Kämme ab und verstreut sie als Filigran über der tobenden Flut.

Drüben marschiert das Geleit. Die Fühlungshalter haben Mühe, den Verband geschlossen vom Fleck zu bringen. Schwere Brecher schlagen auf die Schiffe ein, sie wuchten gegen die Aufbauten, rauschen über Deck und zwingen die Frachter sekundenlang unter Wasser, bis sie endlich triefend wie auftauchende Wale mühsam den nächsten Wellenberg hinaufkriechen. Die Ladung verrutscht. Kohle ist eine miserable und zu lockere Fracht für rauhes Wetter. Deshalb krängen ein paar Pötte und drohen zu kentern. Aber sie tukkern fort. Auf Dorset zu. Mit schwarzqualmenden Schornsteinen, und der Südweststurm winselt in den Gestängen.

Plötzlich Alarm. Farbige Raketen zischen durch den Himmel. Eine Fla-Kanone schießt. Auf den Schiffen der Marine flitzen die Bedienungen an die Abwehrgeschütze, Kommandos gellen, Verschlüsse klacken, Metall scheppert. Fertig. »Feuer!«

Die Stukas kommen. Das Ziel ist erfaßt. Auf der buckeligen See sind die Schiffe schlecht auszumachen, ihre Heckseen versickern im gischtigen Strudel der Wogen. Nun zieht der Konvoi auseinander. Und die Flak belfert ohne Pause. Außer den Fesselballons errichtet nun die Abwehr eine zuckende Netzsperre über dem Geleit. Die Führungsmaschine ist heran. Geht in eine Linkskurve. Kippt aus der Rolle zum Sturzflug ab und rast mit heulender Sirene dem Ziel entgegen. Unheimlich schnell kommt die See näher, wachsen die Schiffe, schälen sich die Einzelheiten aus der schaukelnden, diesigen Szenerie: Schornstein, Funkmasten, Brücke, Ladebunker. Nacheinander kippen die Stukas ab. Die Handgriffe erfolgen automatisch: Kühlerklappe schließen, Höhenlader aus, Abkippen über den linken Flügel, Sturzwinkel 70 Grad ... So rasen sie hinunter und nehmen Geschwindigkeit auf: 400-500-550 ... Bremsen ausfahren. Ekelhaftes Kreischen. Sie zielen mit der ganzen Maschine. Dann, bei 1200 Meter, drücken sie den Auslöseknopf am Steuerknüppel. Das Flugzeug bebt, wenn sich die Bombe löst. Nun geht sie ab. Baumelt, torkelt wie ein großer Tropfen dem stampfenden, aufbäumenden, gischtüberspülten Frachter entgegen. Wird kleiner, ein Punkt noch ... Jetzt! Abfangen. Die Junkers hängen nun fast regungslos in der Luft. Das Schwächemoment der Ju 87. Und die Flak schießt wie verrückt, ein wirres Gespinst aus Leuchtspur umschlingt die Bomber, ehe sie in Steigkurven wieder hochziehen können. Der Blick nach unten. Die Bomben fetzen in die Schiffe, schlagen Bordwände ein, zer-

trümmern die Aufbauten und stanzen Krater in die See. Im Umkreis kocht und schäumt das Meer; Feuer, Rauch und Wogengetümmel mischen sich zum Inferno, in dem das geisterhafte, lautlose Spiel der Raketen anhält.
Nach dem Angriff drehen die Stukas ab. Richtung Frankreich. Die Begleitjäger lösen sich vom Gegner und fallen aus den Wolkenbänken herab, schließen sich den Bombern an. Für die Me 109 wird es Zeit: Spritmangel. Aber die 35 Kilometer bis Calais packen sie noch.

Bei diesem Angriff versenkten die Stuka-Bomben vier Schiffe und beschädigten sieben andere schwer. Der Konvoi war aufgesprengt worden. Beim Sammeln, abseits der Isle of Wight, griffen die Stukas von Richthofens VIII. Fliegerkorps wieder an: 82 Ju 87 und ebenso viele Jäger. Auch die Royal Air Force ließ ihre Fighter wieder starten. Am Abend war der Geleitzug zerschlagen. Nur vier von ursprünglich zwanzig Schiffen erreichten Dorset und Swanage: Sieben waren versenkt worden, fünf steuerten schwer angeschlagen den nächsten Hafen an.

Schlimmer aber: Für die schiffbrüchigen Seeleute und abgeschossenen Piloten gab es keine Hilfe. Das britische Jägerkommando besaß nur achtzehn Motorboote an der gesamten Südküste für Rettungszwecke. Auch im Sommer bleiben die britischen Gewässer kalt. Deshalb passierte es öfters, daß RAF-Flieger, meist noch verwundet, wegen Unterkühlung oder Erschöpfung ihre »Mae-West«-Schwimmweste nicht mehr aufblasen konnten und in Sichtweite der Küste ertranken. Die deutschen Flieger dagegen waren mit gelben Hauben, Wasserfärbstoff, Leuchtsignalen und Einmann-Schlauchbooten ausgestattet.

Im August wurden die Kohlen-Konvois eingestellt. War das »Prestige« nun gerettet? Jedenfalls liefen die Kohlentransporte nunmehr über die Schiene. Eine späte Einsicht, denn im Juli verlor die RAF 220 Flieger über der See – ohne die toten und verletzten Seeleute eine beachtliche Zahl. Der Kanalkampf kostete nach britischen Angaben nur 19 Eigenverluste an Jägern, während 31 deutsche Flugzeuge

Mit Jagdvorstößen über den Kanal wollte die Luftwaffe die britische Jagdabwehr im Juli 1940 zu einer Abnutzungsschlacht herausfordern. Doch Luftmarschall Dowding sparte seine Spitfires und Hurricanes für die erwartetete Bomberoffensive auf.

abgeschossen worden waren. Die Deutschen aber melden den Abschuß von 49 RAF-Jägern und die Versenkung zahlreicher Schiffe, so daß die Aufgabe des Kanalkampfführers als erfüllt galt.

Briten und Deutsche zogen aus der »Kontaktphase«, wie die Kämpfe im Kanal genannt wurden, ihre Lehren. Air Chief Marshal Sir Hugh Dowding sammelte Erfahrungen im Radarsystem und für den Einsatz seiner Jäger. Er blieb später auch weiter bei dieser Taktik, obwohl ein Pilot von der 609. Staffel die Meinung vieler so formulierte: »Die endgültige Entscheidung, nur sehr kleine Jägerformationen loszuschicken, auf daß sie mit der gewaltigen feindlichen Aktivität . . . fertig werden, mißbilligen die Piloten sehr.« Diese Methode Dowdings, zusammen mit den Berichten deutscher Flugzeugbesatzungen, vermittelten der Lufwaffenführung den Eindruck, daß die RAF bereits »angeschlagen« sei.

Am 11. Juli trafen sich Hitler und Raeder auf dem Berghof. Eine eigenartige Besprechung: Der »Führer«, dessen Machtposition auf der Wirkung und Faszination seines gesprochenen Wortes aufgebaut war, fragte nun einen Untergebenen, was er davon hielte, wenn man den Engländern in einer großen Rede vor dem deutschen Reichstag ein Friedensangebot unterbreiten würde. Das zu entscheiden, war Raeder der falsche Mann. Der in seinem Wesen zurückhaltende, fast schüchterne Großadmiral, den jedes laute Wort störte, meinte schließlich ausweichend, die Rede werde ihre Wirkung nicht verfehlen, wenn das englische Volk überhaupt den Inhalt erführe. Statt dessen schlug er vor: „Es ist nötig, daß das englische Volk den Krieg stark am eigenen Leib spürt: erstens durch die Abschnürung seiner Zufuhren; zweitens durch starke Luftangriffe auf seine Hauptzentren.« Liverpool war eines, so fand Raeder, und »einen konzentrierten Angriff auf diese wichtige Hafenstadt wird das ganze Volk zu spüren bekommen«. Der Ob. d. M. legte vor allem großen Wert auf die Reihenfolge: Erst der Angriff - und dann die Reichstagsrede! Ein Landeunternehmen betrachtete er als letztes Mittel - Hitler stimmte ihm zu.

Der Invasionsgedanke aber hatte sich inzwischen bei den Heeresstäben fest eingenistet. Dort wurde er allerdings nur als »großer Flußübergang« auf der Strecke Ostende-Le Havre verstanden. Generalstabschef Halder vertrat diese irrige Vorstellung Anfang Juli, und Jodl, der Chef des Wehrmachtführungsamts, umriß in seiner Denkschrift am 12. Juli den Begriff dann genauer: »Gewaltsamer Flußübergang in breiter Front, wobei der Luftwaffe die Rolle der Artillerie zufällt.« Er nannte die Operation »Löwe« und gab sogar zu, daß England die See beherrschte und die Landung daher »schwierig« wäre.

Am nächsten Tag schon erklärten Halder und der OB des

Heeres von Brauchitsch dem Obersten Befehlshaber auf dem Berghof die Details der »Flußübergangs«-Theorie. Hitler aber interessierten eher die politischen Aspekte: Warum wollte England keinen Frieden? Worauf warteten die Briten? – Plötzlich wußte er es: »Auf Rußland? – Rußland hat Interesse daran, uns nicht zu groß werden zu lassen. Rußland ist Englands letzte Hoffnung.« Hitler ließ durchblicken, daß der Zerfall des britischen Weltreiches Japan, Amerika und anderen Ländern nützen, dem Deutschen Reich aber schaden müßte. Offenbar wünschte er noch immer keine Gewaltanwendung gegenüber den Engländern, denn Halder schrieb: »Der Führer tut so etwas aber nicht gern.«

Churchill nahm die Invasionsdrohung gar nicht ernst. Am 10. Juli schlug er seinem Kriegskabinett vor, sie einfach zu ignorieren: »Es würde eine sehr wagemutige und selbstmörderische Operation sein.« Das stimmte. Zu diesem Zeitpunkt wäre ein Landemanöver über See oder aus der Luft mißlungen, denn: es liefen Versuche, das Meer mit Flammenteppichen zu überziehen; das Bomberkommando übte den Gebrauch von Giftgas; die Home Guard wurde in der Abwehr feindlicher Fallschirmtruppen gedrillt.

Am 16. Juli 1940 erließ Hitler seine Weisung Nr. 16 für eine Landung in England, Unternehmen »Seelöwe«. Als Grundlage hatte er Jodls Memorandum verwendet und die Bezeichnung »Löwe« in »Seelöwe« geändert. Von diesem Dokument der höchsten Geheimhaltungsstufe, das nur den Oberbefehlshabern zugestellt wurde, gab es sieben Kopien. Doch Göring ließ den Text unbekümmert per Funk an die Luftflottenchefs weitergeben. Dafür wurde eine Enigma-Codierungsmaschine verwendet, deren Schlüssel zwei- bis dreimal täglich wechselte. Die Enigma war ein kleiner, batteriegespeister Apparat, ähnlich einer Schreibmaschine, in dem Rotoren die Geheimschrift durcheinanderwirbelten. Der Empfänger fing jeden Brief auf, der nach einem der Codeschlüssel verfaßt war. Die Codebrecher in England konnten »Seelöwe« entziffern, und Churchill redete sofort vom »Kampf auf den Stränden«.

Die Ausschaltung der RAF, in Hitlers Weisung vorrangig gefordert, sicherte Göring großspurig zu. Doch die Marine sah sich außerstande, die verlangten Bedingungen zu erfüllen. Deshalb drängte sich auch der Verdacht auf, Hitler hätte seine Forderungen absichtlich so hoch geschraubt, um die geplante Landung jederzeit widerrufen zu können. Denn: Noch hatte er ja sein »Friedensangebot« nicht erlassen.

In Wahrheit existierte nie ein Plan für die praktische Durchführung der Invasion, und es gab auch keine Zusammenarbeit der drei Wehrmachtteile für eine kombinierte See-, Luft- und Landoperation gegen England.

19. Juli 1940. Berlin bot das große Spektakel einer Parade. Truppen der 218. Infanteriedivision rückten durch das Brandenburger Tor. Dort nahm Goebbels den Vorbeimarsch ab, während sich Hitler auf seine große Rede vorbereitete. Was war los? Die Spitzen von Partei und Wehrmacht feierten den Sieg über Frankreich. Um 19 Uhr trat in der Berliner Kroll-Oper der Reichstag zusammen, und der Exgefreite aus dem 1. Weltkrieg hielt eine zweistündige »Dankkundgebung an die Wehrmacht.«

Als der Beifall von ausländischen Würdenträgern, Politikern und Generalen verebbte, nahm Hitler Ehrungen vor. Es hagelte Beförderungen. Er ernannte 27 führende Offiziere zu Generalen der Infanterie- und Panzertruppen sowie 12 zu Generalfeldmarschällen, darunter die Fliegergenerale Milch, Kesselring und Sperrle. Bei jedem Namensaufruf stellte sich der betreffende Offizier und erhob die Hand zum »Deutschen Gruß«. Dann folgten Gratulationen mit Händedruck und Schulterklopfen.

Um Göring über die Feldmarschälle zu stellen, schuf Hitler für ihn den Dienstgrad des Reichsmarschalls und überreichte dem OB der Luftwaffe, der im Präsidentenstuhl saß, einen besonders großen Marschallstab sowie den wieder eingeführten alten Orden des Großkreuzes. So dekoriert, posierte der eitle Luftwaffenboß in einer weißen Phantasie-Uniform für die Fotografen.

Es war ein beispielloser Vorgang, der an Größenwahn grenzte. Der Kaiser hatte während des Ersten Weltkrieges nur fünf Feldmarschälle ernannt - nicht einmal Ludendorff schaffte es! Natürlich freuten sich die neuernannten Generalfeldmarschälle, denn: Dieser Rang schloß in Deutschland den Abschied und eine Degradierung aus und brachte beachtliche materielle Vorteile, wie Büro, Sekretär, Stabsoffizier, Dienstwagen, Pferde und hohe Bezüge - bis ans Lebensende. Im Protokoll rangierte diese Charge über dem Reichskanzler - aber natürlich nicht über dem »Führer«.

Entgegen Raeders Vorschlag (erst Angriff, dann Appell) sprach der Diktator dann die Engländer an: »In dieser Stunde fühle ich mich verpflichtet vor meinem Gewissen, noch einmal einen Appell an die Vernunft auch in England zu richten . . . Ich sehe keinen Grund, der zur Fortführung dieses Kampfes zwingen könnte. Ich bedaure die Opfer, die er fordert . . . Die Fortführung dieses Kampfes wird mit der vollständigen Zertrümmerung eines der beiden Kämpfenden enden. Mister Churchill mag glauben, daß dies Deutschland ist. Ich weiß, es wird England sein.«

Der britische Außenminister Lord Halifax, obwohl persönlich ein Befürworter des Friedens auf der Kompromißbasis, antwortete drei Tage später. In seiner Rundfunkrede vermißte er Hitlers Hinweis darauf, daß der Friede auf Gerechtigkeit gegründet sein sollte und stellte fest: »Seine einzigen Argumente waren Drohungen . . . In Großbritannien herrscht ein Geist unerbittlicher Entschlossenheit. Wir werden nicht aufhören zu kämpfen . . .«

Das war eine glatte Abfuhr. Nun mußte also die Luftwaffe handeln. Der Kampf im Kanal sollte nun nahtlos in die größ-

Oben: England in Erwartung des »Seelöwen«. Autowracks, die als Hindernisse auf Wiesen und Felder herumstehen, sollen eine mögliche Luftlandeinvasion erschweren.
Unten: Sperrballons werden in einer Halle einsatzbereit gemacht. Sie hingen über Dover, London und anderen Städten Südostenglands, um Tiefangriffe zu vereiteln.

te Luftoffensive der Geschichte übergehen. Die Luftwaffe war zwar startklar, aber es fehlte ein tauglicher Plan. Den Luftflotten 2 (Kesselring) und 3 (Sperrle) mit Abgrenzung ihrer Einsatzbereiche an der Seine, wurden die Operationsräume in West- und Südostengland zugewiesen, während die Luftflotte 5 (Stumpff) von Norwegen und Dänemark herüber später in Nordengland angreifen sollte. Organisatorisch neu war die Einführung von »Jagdführern« (»Jafü«), denen bei den Luftflotten 2 (460 ein- und 90 zweimotorige Jäger) und 3 (300 ein- und 130 zweimotorige Jäger) jeweils alle Jagdgeschwader unterstanden. Im Gegensatz zu den RAF-Jagdgruppen (Fighter Groups), konnten die Jafüs nach dem Start weder die Bewegungen der Feindverbände, noch die der eigenen Jagdgruppen per Funk überwachen. Göring verlangte deshalb von den Luftflottenbefehlshabern Mitteilung darüber, »wie sie sich die Einsatzleitung ihres Jägerbegleitschutzes vorstellen« sowie »die Einrichtung von Nachrichtenzentralen für die Fliegerkorps während der Angriffe, damit eine laufende Übersicht über die Feindlage ermöglicht werde«. Diese Zentralen sollten in »engster Verbindung mit dem Funkhorchdienst« stehen.

Am 21. Juli 1940 entwickelte Hitler vor den Oberbefehlshabern des Heeres, der Marine und dem Generalstabschef der Luftwaffe Jeschonnek (Göring war nicht dabei) seine Gedanken zur Lage: Englands Situation sei aussichtslos, der Krieg gewonnen und demnach eine Umkehr der Erfolgsaussichten unmöglich. Trotzdem aber gab England nicht auf. Dieses Verhalten ließ also nur den Schluß zu, daß es mit dem Kriegseintritt der USA und Rußland als potentiellen Bündnispartnern rechnete. Hitler sah die Gefahr, daß London die Russen zur Drosselung der Erdöllieferungen an Deutschland oder zu Unruhen in Rumänien anstiften könnte, wodurch die Brennstofflage gefährdet würde. Deshalb wurde dem OB des Heeres aufgetragen, »das russische Problem in Angriff zu nehmen«.

Obwohl der Führer zwischendurch nach Rußland schielte, blieb der Marinechef (ohne Flotte) auf die Invasion fixiert. Hitler sah die Invasionsdrohung als gutes Mittel an, England zur Vernunft zu bringen, trug Raeder auf, festzustellen, ob die Landung »technisch machbar« und mit Rücksicht auf Gezeiten und Witterung bis spätestens Mitte September durchführbar sei. Aber wegen des großen Risikos käme sie nur »als letztes Mittel« in Frage. Der Großadmiral machte den Beginn der »praktischen Vorbereitungen« vom Erfolg der Luftwaffe abhängig. Jeschonnek wiederum beeilte sich zu versichern, daß die Luftwaffe in voller Stärke nach England fliegen würde.

Am gleichen Tage gab Göring in »Karinhall« seinen Befehlshabern und Stabsoffizieren das neue Programm bekannt: Einstellung der Serie von verstreuten Nachtangriffen auf britische Häfen und Flugzeugindustrien in einer Woche; Übergang zum »Endkampf«; entschlossene Attakken auf Schiffe und Häfen (»Ich will sehen, wie die Geleitzüge hinweggefegt werden, voran die Handelsschiffe«); Sperrung der westlichen Zufahrtrouten durch Minenfelder.

Diese Operationen sollten durch gleichzeitige Bombenschläge auf nahegelegene Häfen getarnt, dazu Bomben mit Entschärfungssicherung und Zeitzündern für mehrstündige Verzögerung verwendet werden. Aber als potentielle Landungsplätze mußten die Häfen der englischen Südküste, »insbesondere die Schiffsentladungsanlagen vor der Insel Wight bis hin zur Südostecke« ausgespart bleiben. Göring erwähnte auch die Erprobung von Jagdbombern (»Jabo«): Me 109-Jäger mit Halterungen für kleine Bomben. Sie sollten beim Hauptangriff zum Zuge kommen. Dann gab der Ob. d. L. sein Rezept zur Erringung der Luftherrschaft über England bekannt: Vernichtung der RAF (»Zertrümmerung auf dem Amboß von großen Schwärmen überlegener Me 109 und Me 110«) und der Flugzeugindustrien, insbesondere der Flugmotorenwerke, die aus taktischen Erwägungen heraus schon jetzt das Ziel der nächtlichen Störangriffe bilden sollten: »Der Feind muß über Zeitpunkt und Ort im Zweifel bleiben, damit er seine Verteidigung nicht konzentrieren kann.« Den Luftflottenchefs be-

I'M LOOKING
FOR
BINOCULARS
THEY ARE NEEDED BY THE
FORCES - Put yours on
"ACTIVE SERVICE"

fahl er, eigene Vorschläge einzureichen. Sie bedachten jedoch flugs ihre Korps-Stäbe mit dieser Aufgabe. Und dort wurde nun eifrig gewerkelt. Am nächsten Tag schon berieten Brauchitsch und Halder die Einzelheiten des Rußlandfeldzuges: Aufmarsch von 80 bis 100 Divisionen (vielleicht schon im Herbst) mit Schwerpunktbildung im Baltikum, der Ukraine und bei den rumänischen Erdölfeldern um Ploesti.

25. Juli. Der Ob. d. M. trug Hitler seine Bedenken vor: Aufgrund des Tonnagebedarfs für »Seelöwe« geriet nun die deutsche Wirtschaft durcheinander. Der Binnenwasserverkehr und ein großer Teil der Seeschiffahrt mußten stillgelegt werden. Die Werften waren gezwungen, das wichtige U-Boot-Bauprogramm und die Fertigstellung des Schlachtschiffes »Tirpitz« anzuhalten, um die verlangten Prähme und andere Landungsfahrzeuge umrüsten zu können.

Raeder trug seine Argumente so eindringlich vor, als wollte er Hitler von einem »endgültigen Entschluß« abbringen. Statt dessen aber lieferte er ihm unbewußt nur willkommene Gründe – gegen eine Landung.

Inzwischen schlug der Marine-Oberbefehlshaber West die Errichtung eines Brückenkopfes nahe Dover vor. An der engsten Stelle des Kanals (35 Kilometer) konnte der Landungskorridor durch Minenfelder geschützt werden. Das Übersetzen der ersten Angriffswelle veranschlagten die Marineexperten mit zehn Tagen. Darüber war die Armeeführung fassungslos. In drei Tagen mußte das Manöver gelaufen sein. Nach der Prüfung des Marinegutachtens stellten von Brauchitsch und Halder resigniert fest: »Wir können unseren Teil der Operationen nicht auf der Basis jener Mittel durchführen, wie sie die Marine liefern will.« Dann warteten sie mit einem Katalog von Forderungen auf:

Nicht zuletzt durch den Ausfall von Importen aus Deutschland wurden während der Schlacht von England die Ferngläser in Großbritannien knapp. Hier wirbt die Engländerin mit einem Riesenfeldstecher bei einer Sammelaktion zugunsten der Armee und der Luftschutzdienste.

- Landungsstreifen an der englischen Südküste von Folkestone bis Brighton;
- besondere Übersetzmanöver von Cherbourg aus;
- für die benötigten Panzer und Radfahrzeuge sollten alle Autofähren und touristischen Transfermöglichkeiten eingesetzt werden;
- Erste Welle mit 260000 Soldaten, 30000 Fahrzeugen und 60000 Pferden (!).

Aber es gab keine besonderen Übungen für amphibische Sturmangriffe. Und es fehlte auch an Offizieren, um sie zu planen und zu leiten. Nur für Propagandazwecke (zum späteren Herzeigen) wurden ein paar deftige Invasionsproben vor der Filmkamera abgelegt. Inzwischen grasten Marineleute die Flüsse und Kanäle Europas nach Booten und Kähnen ab, die dann gegen Beschuß und zum Schutz für seekranke Pferde überdacht wurden. Zum Einsatz sollten diese »Transporter«, paarweise vertäut, von Schleppern im Fünf-Knoten-Tempo gezogen werden. Eine diesbezügliche Rechnung ergab, daß dieser Konvoi runde zwanzig Kilometer lang sein würde. In Landnähe sollten die Boote in Linie aufrücken, wobei immer ein bewaffnetes und ein nichtarmiertes Gefährt zusammentreffen mußten. Dann sollte gestürmt werden. Die Boote waren nicht einmal gepanzert. Sie faßten auch nur sechs Infanteristen und zwei Mann der Bedienung: Franzosen, Belgier oder Holländer. Die jedoch beteten für einen Mißerfolg.

Donnerstag, 31. Juli 1940. Ein wichtiger Termin im mehrwöchigen Ringen um eine Entscheidung: Angriff auf England oder Rußland? Hitler empfing auf dem Berghof von Brauchitsch, Raeder, Keitel, Halder und Jodl. Auffallend: Die Luftwaffe war überhaupt nicht vertreten. Görings Luftoffensive wurde denn auch – wie zu erwarten – im gleichen stümperhaften Hickhack konzipiert, das Guderian bei Sedan stoppte und dann die Panne von Dünkirchen verursachte.

Als erster referierte Raeder über »Seelöwe«: Die Vorbereitungen seien »mit großem Nachdruck« angelaufen, frühester Landetermin wäre der 15. September, »falls Wetter oder Feind keinen Strich durch die Rechnung machten«. Hinsichtlich der Meinungsunterschiede zwischen Heer und Marine über Landungsbreite und -zeit, bestand er darauf, die Forderungen der Marine zu erfüllen, andernfalls wäre jede Invasion zum Scheitern verurteilt. Zum Schluß warnte er davor, das Landeunternehmen »zu überstürzen« und nannte als günstigsten Zeitpunkt den Mai 1941. Hitler jedoch wollte den 15. September als Invasionsbeginn gegen England vorerst festhalten und wiederholte seine Forderungen: Deutsche Luftherrschaft über dem Kanal und den Landungsköpfen; wirksamer Einsatz weitreichender Geschütze an der Kanalküste gegenüber Dover als Artillerie-Unterstützung für die Landungstruppen und zur Abwehr britischer Kriegsschiffe; breiter Minengürtel entlang den Seetransportwegen gegen die britische Flotte; gutes Wetter. Dann wies er darauf hin, daß die Luftwaffe jetzt mit den Angriffen auf England begann, und »nach acht Tagen werde man sehen, ob die Luftangriffe die gewünschte Wirkung hätten«: »Befriedigt das Ergebnis des Luftkrieges nicht, dann werden die Vorbereitungen angehalten.«

Mit dieser abwartenden, unklaren Entscheidung – typisch für das Unternehmen »Seelöwe« – fuhr der Marinechef wieder ab. Kaum war er draußen, sagte Hitler: »... Rußland ist unangenehm berührt von der schnellen Entwicklung in Westeuropa. Rußland braucht nur anzudeuten, daß es Deutschland nicht zu groß werden lassen will, dann hoffen die Engländer wie Ertrinkende, daß die Sache in sechs bis acht Monaten ganz anders aussehen wird. Ist aber Rußland zerschlagen, dann ist Englands letzte Hoffnung getilgt.« Er hatte beschlossen, »Rußland zu erledigen«.

Zum Bild auf den beiden folgenden Seiten: In den Nachtklubs des Londoner Westens ließ man sich durch die drohende Invasion nicht beunruhigen. Mit neckischen Spielen stärken diese Revuegirls die öffentliche Kriegsmoral.

Unfaßbar: Marine, Luftwaffe und Heer gingen eifrig daran, England zu bezwingen - und ihr »Oberster Befehlshaber« dachte nur an Rußland!

Am 1. August 1940 erging die Weisung Nr. 17 für die Führung des Luft- und Seekrieges gegen England. Wieder blieb es Hauptaufgabe der Luftwaffe, »die englische Luftwaffe niederzukämpfen«. Dann sollten Angriffe auf die Flugzeugindustrien und Flakpositionen sowie gegen die Radar- und Bodenleitstellen der RAF-Jäger folgen. Verboten blieben »Terrorangriffe als Vergeltung« und Einsätze gegen London. Eine OKW-Order vom gleichen Tage ging - unsicher wie bisher - auf »Seelöwe« ein: »Nach acht oder spätestens vierzehn Tagen, gerechnet vom Beginn des großen Kampfes zur Luft gegen England . . . wird der Führer nach dem Ergebnis dieses Kampfes entscheiden, ob ›Seelöwe‹ noch in diesem Jahr stattfindet oder nicht.«

Was hielten die Frontbefehlshaber von der ganzen Sache? Rundstedt glaubte zu keiner Zeit an den »Seelöwen«. Kesselring war überzeugt, »daß Hitler mit dem Gedanken einer Invasion in England nur spielte«. Oberst Paul Deichmann, Stabschef des später im Brennpunkt der Luftschlacht eingesetzten II. Fliegerkorps, erinnert sich: »Diese Befehle machten auf mich den Eindruck, daß wir also *nicht* landen.«

Von Görings Ehrgeiz angestachelt, verfolgte die Luftwaffe dann wirklich das Ziel, England »im Alleingang« niederzuwerfen. Jedenfalls diente die berühmte »Battle of Britain« vordergründig *nicht* dem Zweck, den »Seelöwen« vorzubereiten, wenn Hitler dies auch zur Hauptforderung erhob. Für diesen Fall hätte eine minutiöse Abstimmung der einzelnen Phasen zwischen Luftwaffe und Marine erfolgen müssen. Natürlich wäre die erfolgreiche Ausschaltung der RAF letztlich auch einer Invasion zugute gekommen.

Gegen die Radarstationen

Im Juli hatten Horchfunker der Luftwaffe und das Deutsche Postministerium am Kanal Abhörstellen installiert. Dort hörten sie auf dem Zwölf-Meter-Band der Briten mit und konzentrierten ihren Verdacht auf die 100 Meter hohen Masten entlang der englischen Küste. Nur die »ruhigen, gottgleichen Stimmen« im Jagdfliegergezeter mit ihren Angaben über Stärke, Richtung und Höhe der nach England fliegenden deutschen Verbände wußten die deutschen Horchposten nicht zu definieren. Dann erließen sie am 7. August folgenden Geheimbericht: »So, wie die britischen Jagdflugzeuge durch Funk vom Boden kontrolliert werden, so sind sie an die jeweilige Bodenstation angebunden. Deshalb sind sie in der Beweglichkeit eingeschränkt, selbst wenn man die Möglichkeit berücksichtigt, daß die Bodenstationen teilweise mobil sind. Folglich ist die kurzfristige Ansammlung von starken Jägerverbänden an bestimmten Punkten nicht zu erwarten.« Ein folgenschwerer Irrtum! Auch dem Radar wurde keine große Beachtung geschenkt. Aber General Martini vom Fernmeldewesen der Luftwaffe bestand auf Angriffen gegen die »Funkstationen mit Sonderanlagen«, wie sie in den Zielunterlagen der Luftwaffe verzeichnet waren. So wurde beschlossen, den Tag vor der Offensive zur Ausschaltung dieser Stationen und küstennaher RAF-Plätze vorzumerken. Als die viermotorigen Fw-200-Maschinen (Condor) der Marinegruppe West vom Wettererkundungsflug über dem Atlantik nach Lorient zurückkehrten und ein Azorenhoch verkündeten, wurde »Adlertag« für den 13. August festgesetzt.

6. August 1940. In Karinhall verkündete Göring den drei

»Deutsche Bomber im Anflug!« Ein Beobachtungsposten alarmiert die britische Luftabwehr. Obwohl das Radar den Briten einen entscheidenden taktischen Vorteil verschaffte, blieb das menschliche Auge für den Luftwarndienst weiter unentbehrlich.

Luftflottenchefs den präzisen Offensivplan, wonach Bomberformationen mit sehr starkem Begleitschutz bei Tage die »Umgebung von London« angreifen sollten. Mit dieser

Taktik würde die Jagdverteidigung überwältigt werden. Gegen London selbst waren Angriffe verboten. Der »Eiserne« war bereit, die Offensive vorzeitig abzubrechen, wenn sich in den ersten Tagen dieser Phase die eigenen Verluste als zu hoch oder die RAF-Einbußen als zu niedrig erweisen sollten. Dem OKW teilte er tags darauf mit: »Für den ersten Tag ist ein genauer Plan ausgearbeitet worden. Danach wird je nach Lage verfahren.«

Die Briten hörten den Funkverkehr einer Luftwaffen-Spezialeinheit, »Y-Dienst« genannt, ab, und sie erfuhren vom »Adlertag«. Churchill feuerte seine Landsleute sofort an: »Die Schlacht um England steht dicht bevor ... Die ganze Macht und Wut des Feindes wird sich in Kürze gegen uns wenden. Hitler weiß, daß er uns hier auf der Insel schlagen muß, wenn er den Krieg nicht verlieren will. So wollen wir alle unsere Kraft zusammennehmen und uns so verhalten, daß man, wenn das britische Empire und sein Commonwealth tausend Jahre bestehen, sagt: ›Das war ihre größte Stunde‹.«

Die Zahl der bereitgestellten RAF-Jäger wird unterschiedlich angegeben: Word führt 749 an; Fuller nennt 59 Staffeln und Gleave 57. Bei einer normalen Staffelstärke von 12 (ohne Reserven) ergibt das 684; hinzu kommen noch sechseinhalb Nachtjägerstaffeln und die Flugzeuge des Fleet Air Arm. Liddell Hart erwähnt auch 57 Staffeln und kommt mit den Reserven auf rund 1000 Maschinen. Das Coastal Command zählte 5 bis 6 Staffeln. Die Zivilisten-Organisation des »Royal Observer Corps« umfaßte 30000 Männer und Frauen, die mit einfachen Instrumenten Höhe, Kurs und Typen der Feindflugzeuge feststellten. Von über 1000 Beobachtungsposten aus wurden die Daten telefonisch an 32 Zentralen gemeldet und ergaben zusammen mit den Radar-Ortungen gute Lagebilder. Dowding konnte (ohne Reserven) sofort 27 Hurricane- und 19 Spitfirestaffeln einsetzen. Die 11. Gruppe (»von der unser Schicksal in hohem Maße abhängt«) sicherte das »Herz Englands«: London und die Grafschaften Essex, Kent, Sussex, Hampshire und Dorset. Den Südwesten deckten die Fighter Squadrons der 10. und Zentralengland die Jägerstaffeln der 12. Gruppe.

Am 11. August waren nur wenige deutsche Maschinen in der Luft. Einige Bomber flogen Portland und Weymouth an, andere attackierten Konvois in der Themsemündung und vor Norwich.

Auch die Erprobungsgruppe 210 war unterwegs. Hauptmann Walter Rubensdörffer, 30 Jahre alt, gebürtiger

Schweizer, führte den Verband. Eigentlich sollte die erst kürzlich aufgestellte Einheit die neue Messerschmitt 210 A-O unter Kriegsbedingungen testen. Doch dann wurde die Sache verschoben. Die Maschine stellte sich später als Fehlentwicklung heraus. Kein einziges Exemplar kam zum Einsatz. Die Erprobungsgruppe aber behielt die Nummer: 210. Nun prüfte sie die Me 109 und Me 110 im Einsatz als »Jagdbomber« (Jabo). Sie sollten im Tiefflug kleine Bomben an den Feind bringen und nach dem Abwurf wieder als Jäger fungieren.

Um 13 Uhr, am elften, warfen sich 24 Messerschmitts der Gruppe 210 auf den britischen Küstenkonvoi »Booty«. Jäger? Was konnten die schon groß machen! Die Flak schoß mehr in der Absicht, sie zu vertreiben. So, wie man lästige Insekten verscheucht. Aber die Messerschmitts ließen sich nicht abschütteln. Mit Höllenfahrt stießen sie herunter, passierten unbekümmert die Sperre, rasten direkt auf die Schiffe zu – und klinkten plötzlich ihre Bomben aus. Den Seeleuten blieb die Spucke weg: Jäger mit Bomben! Das war neu! Doch es blieb keine Zeit zum Staunen. Detonationen zerfetzten Decks und Aufbauten, drückten Bordwände ein und töteten Männer. Zwei große Schiffe blieben qualmend liegen. Noch hielt der Schock an, liefen die Bergungsmanöver, als die deutschen Jagdmaschinen längst hinter einer Regenwand verschwunden waren. Der Spuk hatte nur wenige Minuten gedauert.

Noch über dem Kanal warteten die Spitfires von der 74. Staffel. Und griffen mutig an. Rubensdörffer formierte mit den Me 110-Zerstörern schnell den Abwehrkreis, während die Me 109 den Kampf aufnahmen. Das konnten sie. Nun waren sie ja wieder Jäger. Ein zufriedenstellendes Ergebnis also: Die Jäger waren als »Jabos« brauchbar.

Doch die Engländer besaßen gegen Tiefangriffe neben dem CHL (Chain Low) noch Ballonsperren und die von Rube Goldberg ausgetüftelte Einrichtung des »PAC« (»Parachute and Cable«): Raketen mit Fallschirmen, von denen Drahtseile herabhingen.

12. August 1940. Montag. Schönes Wetter. Um 8.40 Uhr stiegen zwanzig Jagdmaschinen der Erprobungsgruppe 210 bei Calais auf. Ihr Auftrag: Bombenpunktwürfe auf Radarstationen. Die mysteriösen, 100 Meter hohen Stahlmasten, die man mit dem Fernglas von der französischen Kanalküste aus bei klarem Wetter so gut erkennen konnte.

Für den Angriff transportierten die Me 109 und Me 110 im Außengehänge unter ihren Rümpfen 250- und 500-Kilo-Bomben. Dicht über der See zog der Verband westwärts. In der Straße von Dover war gute Sicht. Drüben lag England. Langsam stiegen die Kreidefelsen aus dem Meer. Nur noch wenige Flugminuten bis zur Küste. Dicht hinter der Wasserlinie stachen die Masten hoch in den Himmel.

Hauptmann Rubensdörffer drückte die Mikrofontaste: »Achtung für 3. Staffel! Entlassen zum Sonderauftrag. Gute Jagd.« Der Staffelkapitän, Oberleutnant Otto Hintze, bestätigte den Ruf und meldete sich mit seinen acht Me 109 ab. Sie hielten weiter Kurs auf Dover und stürzten sich dann auf die Antennenanlagen. Die Jäger sägten aus der Überhöhung herunter, fegten aus der Angriffsposition auf die Masten los, die ihnen förmlich entgegensprangen, und setzten dann die Bomben ins Ziel. Noch im Wegdrücken - jetzt wieder frei von der Bürde - ging ein Ruck durch die Maschinen, schlugen die Druckwellen der Detonationen hinter ihnen her, prasselten Splitter und Mauerfetzen durch die Luft. Die 3. Staffel plazierte drei Bomben dicht an die Masten, sie schwankten nur - und standen. Dafür gingen die Hütten total zu Bruch. Qualm und Flammen lagerten noch lange über der Radaranlage von Dover, aus der unversehrt die Türme hervorragten.

Rubensdörffer ging mit den zwölf Zerstörern auf Nordwestkurs und 5500 Meter Höhe. Aber das Rye-Radar hatte sie schon erfaßt. Es war kurz vor elf. Das Mädchen am Schirm schien irritiert. Deshalb fügte der Mann im Filterraum an das Echozeichen für alle Fälle ein X-Code hinzu. Das bedeutete: Bericht zweifelhaft, möglicherweise ein Fehler oder Freundflugzeug.

Der Zerstörer Messerschmitt Me 110 war als Jagdbomber zu gebrauchen, versagte jedoch als Langstrecken-Jäger über England, da er beim Luftkampf zu schwerfällig war.

Über Kent tobten schon Luftkämpfe. Die Me 109 der II./JG 52 gerieten dort an die RAF-Jäger der 610. Staffel. Absichtlich drängten die Deutschen dabei weiter ostwärts, um der Gruppe 210 Freiraum zu schaffen.

Auch Rubensdörffer teilte nun seinen Verband. Oberleutnant Rössiger scherte mit seiner 2. Staffel nach Rye bei Hastings aus. Auf dem Einsatzschirm hagelte es Echozeichen. Sie kamen schnell näher. Das Personal schluckte nervös . . .

Schwer hingen die Zerstörer in der Luft. Jeder schleppte zwei 500-Kilo-Bomben. Doppelt soviel wie ein Stuka Ju 87. Aber die Me 110 packten solche Lasten. Nun schwebte Rössiger in einer Linkskurve zum Ziel ein. Kippte ab und kam im Gleitflug herunter. Immer tiefer. Vorne die Masten. Sie flutschten ins Reflexvisier, füllten es nun aus mit Streben und Stützen. Abwurf! Die Führungsmaschine ruckte, als die Bomben fielen, dann jagte sie im Stechflug davon und schraubte sich erst weit draußen in den Himmel. Nacheinander griffen die Zerstörer an, luden ab und machten sich davon. Zurück blieben Gebäudetrümmer, Schwelrauch und Brände. Alle Baracken waren zerstört, zehn Bomben hatten getroffen. Aber der Sender- und Empfängerblock blieben unversehrt. Staubig und hustend stürzte das Personal nach dem Angriff hinaus, und das Mädchen vom Radarschirm sagte trocken zu den Leuten vom Filterraum: »Gerade hat uns Ihr zweifelhafter X-Angreifer bombardiert.«

Oberleutnant Lutz flog mit der 1. Staffel die Station Pevensey an. Die sechs Zerstörer schraubten sich mit den Bombenlasten höher, kippten dann ab und attackierten nacheinander die Türme. Acht 500-Kilo-Bomben trafen. Fast die gesamte Anlage flog in die Luft. Das elektrische Hauptkabel ging kaputt, und der Sendeimpuls sackte weg. Pevensey schwieg. Auch Dunkirk in Kent hatte Bomben abgekriegt, doch die Station blieb als einzige intakt.

Als die Gruppe 210 in Richtung Kanal flog, lieferte sie einen neuen Beweis für die Schlagkraft der Jabos. Und eine wichtige Erfahrung: Die Funkmasten fielen nicht – auch bei Volltreffern. Das aber lag an ihrer Konstruktion: Gitterwerk.

Tatsächlich klaffte nun eine 160 Kilometer breite Lücke in der Radarkette, der »Chaine Home«. Zwar nahm die Station Rye nach drei Stunden den Sendebetrieb wieder auf, und die anderen folgten am Nachmittag. Aber der zeitweise Ausfall hatte Folgen. Um 11.30 Uhr griffen 63 Ju 88-Bomber vom KG 51 und 54 den Hafenkomplex in Portsmouth an. Außerdem flogen 120 Me 110 vom ZG 2 und 76 sowie 25 Me 109 vom JG 53 (»Pik As«) mit. Noch vor Brighton hatte die ganze Formation einen Schwenk nach Westen vorgenommen und folgte dem Küstensaum in Richtung Isle of Wight. In Spithead scherten fünfzehn Ju 88 südwärts aus und flogen die Station Ventnor von der Landseite her an. Die Antennen auf den Hügeln abseits der Stadt und das speziell entwickelte Radar ermöglichten eine besonders große Reichweite. Aber sie gaben auch ein auffallendes Ziel ab. Mit fünfzehn 500-Kilo-Bomben wurde die Anlage so stark beschädigt, daß der Wiederaufbau nicht mehr lohnte. Erst elf Tage später nahm eine Ersatzstation in Wight ihren Betrieb auf. In der Zwischenzeit täuschten andere Sender die Einsatzbereitschaft von Ventnor vor.

Über Portland fielen Spitfires der 152. und 609. Staffel über die deutschen Bomber her. Flakfeuer zeichnete den Weg der Ju 88 und hinderte sie beim Abwurf. Während sich die Me 109 trotz des Flakriegels in großen Höhen mit den Spitfires herumschlugen, holte die Abwehr zwei Bomber vom Himmel. Als die Maschinen vom »Edelweiß«-Geschwader abzogen, brausten Hurricanes der 213. Staffel heran und erledigten noch einen Bomber.

Schon um 9.30 Uhr hatte Major Gutzmann unter starkem Jagdschutz seine Do 17 der I./KG 2 an den RAF-Jägerflugplatz in Lympne herangeführt. Schauer von 50-Kilo-Bomben plügten das Rollfeld und schlugen in die Hallen.

Kurz nach Mittag kamen die Stukas. Von der IV./LG 1 flogen 22 Maschinen unter Hauptmann von Brauchitsch, einem Sohn des Oberbefehlshabers des Heeres, zum Einsatz gegen einen Konvoi in der Themsemündung bei Margate. Sie trafen jedoch nur zwei kleine Trampdampfer. Alle Ju 87 kehrten zurück. Da das Radar fehlte, erschienen die Jäger zu spät.

Zum zweitenmal an diesem Tage flog die Erprobungsgruppe 210 ihren Einsatz. Diesmal gegen den am weitesten vorgeschobenen RAF-Einsatzhafen in Manston. Die Jabos zogen über die Straße von Dover, und hinter ihnen folgten unter Führung von Oberst Fink achtzehn Do 17 vom KG2.

Zum Bild auf den beiden folgenden Seiten: Die britischen Jäger, wie hier eine Staffel Hurricanes, operierten zu Beginn der Schlacht von England noch in geschlossenen Formationen. Sehr bald erkannten und übernahmen sie jedoch von der deutschen Jagdwaffe die Vorteile einer aufgelockerten Angriffstaktik.

Um 13.30 Uhr erfolgte der Angriff. Nur die intakte Station in Poling gab in letzter Minute eine Funkwarnung. Doch es war zu spät. Gehetzt enterten die Piloten der 65. Staffel ihre Spitfires. Starteten. Rumpelten mit aufheulenden Motoren über die Pisten. Volle Pulle hinein und Knüppel an den Bauch. Bremsen los . . . Über ihnen schwebten die Junkers ein. Zwanzig Jabos, schwerbepackt, lärmend. Vorneweg Hauptmann Rubensdörffer. Die Führungsmaschine setzte zum Gleitflug an, drückte tiefer, nahm Fahrt auf, zielte – und warf. Zwei Bomben lösten sich von der Me 110, und noch ehe sie aufschlugen röhrte der Zerstörer im Tiefflug davon. Der nächste Jabo stürzte aus dem Himmel. Und wieder einer. Der Flight Commander Quill probierte den Alarmstart. Seit 1936 Testpilot bei den Vickers-Werken, kannte er die Spitfire wie kein anderer. Er hatte sich dann freiwillig zum Einsatz in Manston gemeldet. Nun wollte er weg. Beschleunigte, gab Vollgas, trieb die »Spit« die holperige Piste hinunter. Detonationslärm, Krachen und Bersten übertönte die Motorgeräusche. Quill duckte instinktiv ab. Sah zurück. Hinten flog eine Halle in die Luft. Feuersäulen, Qualmschwaden und Splitterschauer verdeckten den Platzrand. Wieder Bomben. Mörderische Schläge rechts und links. Quill fegte mit der Spitfire durch den Splitterguß, brach in die Rauchwand ein, slippte hervor – und hob ab. Die Spit flog. Ein Wunder. Röhrend nahm sie Fahrt auf. Andere Maschinen folgten. Unerwartet entkamen sie dem Inferno, lösten sich von dem Rauchgebirge und fegten in steilen Turns hinauf in Angriffsposition.

Der Jägerplatz von Manston wurde schwer getroffen. Werkstätten, Hangars und abgestellte zweimotorige Blenheim-Nachtjäger gingen kaputt, als die 150 Bomben detonierten. Manston, hoch oben auf den Klippen gelegen, bot mit den weithin sichtbaren Bränden ein Fanal für die bevorstehende große Schlacht.

Oberleutnant Lutz berichtete: »Die Jäger standen in Reih und Glied auf dem Platz. Unsere Bomben fielen mitten dazwischen.«

Tieffliegenden Do 17 und Ju 88 gelang es mehrfach, das RAF-Jägerkommando auf seinen Fliegerhorsten zu überraschen. Dieses Foto stammt aus der Kanzel eines »Heckenspringers«, der gerade im Tiefflug über einen englischen Flugplatz jagt.

Die Einsatzmeldung der Gruppe 210 wies unter anderem aus: »Zwölf SC 500 (Minenbomben), vier Flam C 250 (Flammenbomben). Volltreffer in Hallen und Unterkünfte. Vier SC 500 auf Rollfeld in startende Jagdgruppe. Dabei vier Hurricanes und fünf weitere Flugzeuge am Boden vernichtet...«

Die meisten Maschinen der 65 Staffel kamen davon, mußten jedoch später Ausweichplätze anfliegen.

Der Angriff hatte auch moralische Folgen.

Viele RAF-Soldaten zogen sich entnervt in die Bunker zurück und verweigerten den Dienst. Das Jägerkommando lehnte es ab, Manston zu evakuieren und den Flugbetrieb ganz einzustellen. Die 600. (Stadt London) Hilfsstaffel mußte dort den August 1940 über aushalten. Sie flog die nun veralteten Blenheims. Etwas Neues aber hatten sie:

Radar an Bord. Damit machten sie erfolgreich Nachtjagden auf einsame deutsche Bomber.

Am Nachmittag wurde der vorgeschobene RAF-Jägerhorst in Hawkinge gebombt. Zwei Hangars und Werkstätten erlitten Treffer, vier Jagdmaschinen Beschädigungen. Dann war noch einmal Lympne an der Reihe. Auf beiden Rollfeldern beseitigten Arbeitskommandos in der Nacht die Schäden.

Die Luftflotten 2 und 3 hatten unter starkem Jagdschutz im Laufe des Tages über 300 Bomber und Stukas eingesetzt. Nur: Das Ziel, die Radaranlagen vor dem Offensivschlag auszuschalten, gelang - bis auf Ventnor - nicht. Auch die Taktik, durch den Anflug parallel zur englischen Küste die Radarortung auszuschalten, schlug fehl, denn Poling lieferte erstklassige Bilder. Außerdem meldeten die Beobachter-Korps per Telefon jede einfliegende Maschine sofort.

Ein anderer Schwachpunkt betraf die Einsatzkarten. Göring hatte den Bombercrews lange Listen mit Befehlen, »Blockade-Zielen«, Schiffsliegeplätzen etc. zustellen lassen. Es wurde jedoch nicht klar angegeben, welche RAF-Plätze von Jägern, Bombern oder überhaupt nicht belegt waren. Ebenso bestand Unklarheit über die Jägerkontrollorganisation, Beobachterposten und Funkpeilräume. Jeder Schuljunge in England wußte, daß Rolls-Royce-Merlin-Motoren in die Spitfires und Hurricanes eingebaut waren. Eine Motorenfabrik lag in Derby. Die Spitfire-Rümpfe produzierte man in Southampton. Doch Schwerpunktangriffe auf diese Ziele unterblieben.

Auch mit der Taktik haperte es: Sollten Bomber die Jägerbasen zerstören, oder sollten die RAF-Staffeln besser im Luftkampf erledigt werden? Oberst Paul Deichmann, Stabschef im II. Fliegerkorps, schrieb: »Wenn die Spezialfunkstationen die RAF-Jäger in die Schlacht führen würden, sollte man sie nicht besser so handeln lassen und sie in der Luft zerstören?« Er erhielt keine offizielle Antwort. Morgen aber war »Adlertag«!

Dokumente Juni - August 1940

»Im Zuge dieser Auseinandersetzungen muß Rußland erledigt werden«. Dieser befremdliche Satz, gefallen in einer Besprechung Hitlers mit seinem Generalstabschef Halder am letzten Julitag 1940 (Dokument Nr. 6), kennzeichnet die ganze Doppelbödigkeit der Unternehmungen gegen das Inselreich, der Luftschlacht um England wie der Landungsoperation »Seelöwe«. Während die Planungsstäbe unablässig arbeiten, während über dem Kanal schon Luftkämpfe toben, ist der oberste Kriegsherr schon mit dem Angriff auf Rußland beschäftigt. Der Zusammenbruch des Sowjetreichs, sagt er, soll den Engländern die Hoffnung nehmen, es könnte im Rücken Deutschlands ein Verbündeter aufstehen - einen ähnlichen Gedanken hatte auch Napoleon, als er 1812 nach Rußland marschierte; auch er wollte damit England treffen, man weiß mit welchem Ausgang. Durchaus möglich auch, daß die Strategie des »England alle Hoffnung nehmen« nur vorgeschoben war und Hitler es ganz einfach nicht abwarten konnte, seinen »Lebensraum im Osten« zu erobern.

Die Truppe jedenfalls wußte von diesen Absichten und Überlegungen nichts. Sie nahm den Angriff auf England ernst, und in der Tat, aus den Plänen (Nr. 1 und 5) wurde ernste Bedrohung; Churchills Erinnerungen (Nr. 3) legen genaues Zeugnis davon ab, und auch der Zeitungsartikel »Was tun im Fall einer Invasion?« (Nr. 2) läßt erkennen, was der Insel bevorstand.

Der Spitzelbericht (Nr. 4) registriert mit Befriedigung, daß die Saat der Propaganda unter der Zivilbevölkerung aufgegangen ist: »Vergeltung gegen England« wird verlangt, die Offensive soll nun endlich losgehen. Offenbar hält sich noch das Meinungsklima, das die „Forscher" vom Sicherheitsdienst im Frankreichfeldzug zum erstenmal bemerkt hatten: Die raschen Siege der deutschen Armeen hatten die zuvor weitverbreitete Skepsis verstummen und ehrliche Kriegsbegeisterung aufkommen lassen.

Herstellung voller Einsatzbereitschaft

Dokument Nr. 1: Weisung des Oberbefehlshabers der Luftwaffe für den Kampf gegen England, 30. 6. 1940

Die Kampfführung der Luftwaffe gegen England macht es erforderlich, den Einsatz der Lfl. 2, 3 und 5 in zeitlicher Hinsicht wie auch bezüglich der Wahl der anzugreifenden Zielgruppen in schärfster Form in Übereinstimmung zu bringen. Die Auftragserteilung an die Luftflotten wird daher in der Regel feste Bindungen an bestimmte Ziele und Angriffszeiten vorsehen, damit neben einer tatsächlichen Wirkung auf die jeweils wichtigsten Ziele die gut entwickelte Abwehr des Gegners zersplittert und vor möglichst verschiedenartige Aufgaben gestellt wird.

Nach Durchführung des Aufmarsches der Verbände in ihren neuen Einsatzräumen, nach Sicherstellung ausreichenden Flak- und Jagdschutzes, laufender Versorgung und einwandfreier Befehlsübermittlung wird eine planmäßige Bekämpfung gegen solche Zielgruppen einsetzen, die Ob. d. L. der Gesamtlage entsprechend befehlen wird.

Bis zu diesem Zeitpunkt ist neben der Herstellung der vollen Einsatzbereitschaft der Verbände

a) die Kampfführung gegen England zu beschränken auf Störungsangriffe gegen Industrie- und Luftwaffenziele mit schwächeren Kräften. Die Angriffe sind bei geeigneter Wetterlage, die Überraschung ermöglicht, auch bei Tage einzeln oder in Rotten zu führen.
   Genaueres Studium des Objektes und seiner Umgebung an Hand der Karte und der Zielunterlagen ist für den Erfolg Vorbedingung. Hierbei ist anzustreben, daß größere Verluste der Zivilbevölkerung vorerst vermieden werden;
b) durch Aufklärung und Einsatz kleinerer Kampfeinheiten eine planmäßige Einweisung der Besatzungen in ihre Kampfräume vorzusehen und hierbei Stärke und Gruppierung der feindlichen Abwehr zu erkunden.

1. Zielsetzung

Der Einsatz der Luftwaffe nach Durchführung des Aufmarsches und der vollen Einsatzbereitschaft hat zum Ziel:

a) durch Kampf gegen die feindliche Luftwaffe, ihre Bodenorganisation und die Luftwaffenindustrie die Voraussetzungen zu schaffen für eine wirksame Kampfführung gegen feindliche Einfuhr und Versorgung und Wehrwirtschaft und damit für den Schutz des deutschen Lebensraumes;

b) durch Kampf gegen Einfuhrhäfen und deren Einrichtungen, Einfuhrtransporte und Kriegsschiffe die englische Versorgung zu zerschlagen.

Beide Aufgaben werden nicht in getrennten Abschnitten, sondern nebeneinander gelöst werden müssen.

Solange die feindliche Luftwaffe nicht zerschlagen ist, ist es oberster Grundsatz der Luftkriegführung, die feindlichen Fliegerverbände bei jeder sich bietenden Gelegenheit, bei Tag und bei Nacht, in der Luft und am Boden, anzugreifen, ohne Rücksicht auf anderweitige Aufträge.

Was tun im Fall einer Invasion?

Dokument Nr. 2: Artikel des »Daily Mirror«, 19. 6. 1940

Sollte Großbritannien angegriffen werden, so muß jeder Zivilist sieben wichtige Regeln beachten.

Sie werden in einer Broschüre beschrieben, die die Regierung gestern veröffentlichte. Es wird betont, daß diese Vorschriften von ebenso entscheidender Bedeutung sind wie die Befehle an die Männer der bewaffneten Streitkräfte. Hier sind diese sieben Regeln. Falls eine Invasion stattfindet –

Bleibe wo du bist

Glaube nicht an Gerüchte und verbreite sie nicht weiter

Sei wachsam – melde der Polizei oder dem Militär unverzüglich alle verdächtigen Wahrnehmungen

Gib niemals den Deutschen irgend etwas

Halte dich zum Bau von Straßensperren bereit

Hilf mit bei der Organisation eines Verteidigungssystems, um bei der Arbeit gegen einen plötzlichen Angriff Widerstand zu leisten

Denke immer erst an Britannien und dann an dich

Eine Vernachlässigung dieser Regeln könnte die Armee ernstlich daran hindern, den Angreifer zurückzuschlagen.

Hitlers Invasionen in Polen, Holland und Belgien wurden da-

You never know
who's
listening!

durch begünstigt, daß die Zivilbevölkerung überrascht wurde.

Sollten die Deutschen per Fallschirm, Flugzeug oder Schiff kommen, mußt du bleiben, wo du bist. Deshalb lautet die erste Order »harre aus«.

Wenn der Oberbefehlshaber entscheidet, daß der Ort, wo du dich aufhältst, evakuiert werden muß, so wird er bekanntgeben, wann und wie geräumt wird.

Als Holland und Belgien angegriffen wurden, flüchtete die Bevölkerung aus ihren Häusern und verstopfte die Straßen. Sie half dem Feind, indem sie ihre eigenen Armeen behinderte, gegen die Eindringlinge vorzurücken.

Wer von zu Hause wegläuft, setzt sich weit größeren Gefahren aus. Er könnte mit Maschinengewehren aus der Luft beschossen werden, wie dies mit Zivilisten in Holland und Belgien geschah.

»Du kannst immer einen mit dir nehmen«

Dokument Nr. 3: Aus Churchills Memoiren

Da die Monate Juli und August ohne Katastrophe verstrichen, bestärkte sich in uns die Zuversicht, daß wir einen langen, harten Kampf aushalten würden. Unser Kräftezuwachs wurde uns von Tag zu Tag klarer bewußt. Die gesamte Bevölkerung arbeitete bis zum äußersten und fühlte sich, wenn sie nach der Arbeit oder der Wache einschlief, durch die wachsende Zuversicht belohnt, daß wir Zeit hatten, und daß wir siegen würden. Alle Küsten starrten jetzt von Abwehrstellungen der verschiedensten Art. Das ganze Land war in Verteidigungsbezirke eingeteilt. Ein Strom von Waffen verließ die Fabriken . . . Die gesamte ausgebildete englische Berufsarmee und ihre Kameraden von der Territorialarmee übten und exerzierten von früh bis abends und brannten darauf, an den Feind zu kommen. Die Home Guard überschritt die Millionengrenze, und wenn es an Gewehren fehlte, griff man unverzagt nach

»Man weiß nie, wer zuhört!« warnt ein englisches Plakat im Sommer 1940 vor leichtfertigen Schwätzereien – Gegenstück zur deutschen Parole »Feind hört mit!«.

Churchill beobachtet in Begleitung hoher Offiziere eine Übung des britischen Jägerkommandos.

dem Jagdgewehr, der Sportflinte, der Pistole oder, wenn es keine Feuerwaffen gab, nach der Heugabel und dem Knüttel. In England gab es keine Fünfte Kolonne, obgleich ein paar Spione sorgfältig eingefangen und verhört werden mußten. Die wenigen Kommunisten verhielten sich still. Und jeder andere gab alles her, was er zu geben hatte.

Als Ribbentrop im September einen Besuch in Rom machte, sagte er zu Ciano: »Die englische Landesverteidigung ist nicht vorhanden. Eine einzige deutsche Division genügt, um sie völlig zusammenbrechen zu lassen.« Das beweist nur seine Unwissenheit. Immerhin habe ich mich häufig gefragt, was geschehen wäre, wenn zweihunderttausend Mann deutscher Sturmtruppen sich an unseren Küsten festgesetzt hätten. Es wäre für beide Seiten ein großes, grimmiges Blutbad geworden. Keiner hätte Gnade oder Erbarmen gekannt. Der Feind hätte zum Terror gegriffen, und wir waren bereit, vor gar nichts zurückzuschrecken. Ich hatte vor, das Schlagwort auszugeben: »Du kannst immer einen mit dir nehmen!« ... Doch es sollte nicht so weit kommen. Weit draußen auf den grauen Wassern der Nordsee und des Kanals kreuzten und patrouillierten die treuen, eifrigen Flottillen und spähten durch die Nacht. Hoch in den Lüften schwebten die Jagdpiloten, oder sie warteten gelassen bei ihren vortrefflichen Maschinen, jederzeit bereit, wieder aufzusteigen. Es war eine Zeit, da es ebenso gut war, zu leben wie zu sterben.

»Hermann soll seinen Taubenschlag aufmachen«

Dokument Nr. 4: SD-Bericht, 4. 7. 1940

Die Bombenangriffe der Engländer auf das Reichsgebiet sind, nachdem die militärischen Aktionen in Frankreich abgeschlossen und alle Blicke ausschließlich auf England gerichtet sind, zum täglichen Gesprächsstoff geworden. Die Berichte der Presse und des Rundfunks haben in den Gebieten, die von den Angriffen nicht betroffen werden, vor allem die Wut gegen England und den Wunsch nach einer »wirklichen« Vergeltung im Wege einer Bombardierung englischer Städte auf den Höhepunkt gebracht. Der Artikel »Fliegeralarm oder nicht?« hat in Verbindung mit aufklärenden Rundfunksendungen und Glossen der Presse gegen übertreibende Gerüchte nach nunmehr vorliegenden genaueren Feststellungen in den nur gelegentlich von englischen Luftangriffen berührten Gebieten beschwichtigend gewirkt. Dagegen ist in den Bereichen, die beinahe täglich von englischen Bombern angeflogen werden, um diesen Artikel und über die Form, in der Presse und Rundfunk sich mit dem Luftschutz, dem Flugwarndienst, der Flugabwehr, den Einzelheiten der Durchführung und des Erfolgs bzw. Mißerfolgs solcher Angriffe beschäftigten, eine heftige Diskussion entbrannt. Kennzeichnend für den Rahmen, in dem sich diese Erörterungen bewegen, ist insbesondere ein Bericht aus dem Ruhrgebiet (Dortmund). Die allgemeine Stimmung der Bevölkerung sei durch die feindlichen Fliegerangriffe auch jetzt in ihrem Kern nicht beeinträchtigt. Z. T. nehme man sie mit Humor hin, was beispielsweise in dem Abendgruß »Ich wünsche Ihnen eine splitterfreie Nacht« zum Ausdruck komme. Daß es den feindlichen Fliegern nunmehr gelinge, auch am Tage in größeren Verbänden durchzustoßen, habe jedoch Verwunderung hervorgerufen.

Die Drohungen der Presse und des Rundfunks, daß dem Feind am Tage ein heißer Empfang bereitet werde, seien gegenstandslos geworden durch die Tatsache, daß englische Flieger lange Zeit über ihren Zielen kreuzten, sich der Flakabwehr entzögen und sich auch gegen deutsche Jäger mit Erfolg zur Wehr setzten. Man will Berichte, in denen die englische Luftwaffe als feige bezeichnet werde, nicht mehr gelten lassen, sondern billige auch dem Feinde zu, daß seine Flieger Schneid besäßen. Verlautbarungen, die in ihrer Grundlinie auf eine Rechtfertigung des Luftschutzes oder eine besondere Anerkennung der Flak hinausliefen, stoßen auf Ablehnung. Die gesamte Diskussion gipfelt schließlich immer wieder in dem Wunsch, endlich mit den längst angekündigten Vergeltungsmaßnahmen gegen England ernst zu machen. Von Kumpels aus dem Ruhrgebiet wird dieser Wunsch immer wieder in den Satz geprägt »Hermann soll seinen Taubenschlag mal ordentlich aufmachen«.

Unternehmen »Seelöwe«

Dokument Nr. 5: Hitlers Weisung Nr. 16 über die Vorbereitungen einer Landungsoperation gegen England, 16. 7. 1940

Da England, trotz seiner militärisch aussichtslosen Lage, noch keine Anzeichen einer Verständigungsbereitschaft zu erkennen gibt, habe ich mich entschlossen, eine Landungsoperation gegen England vorzubereiten und, wenn nötig, durchzuführen.

Zweck dieser Operation ist es, das englische Mutterland als Basis für die Fortführung des Krieges gegen Deutschland auszuschalten und, wenn es erforderlich werden sollte, in vollem Umfang zu besetzen.

Hierzu befehle ich folgendes:

1. Die Landung muß sich in Form eines überraschenden Überganges in breiter Front etwa von Ramsgate bis in die Gegend westlich der Insel Wight vollziehen, wobei Teilen der Luft-

waffe die Rolle der Artillerie, Teilen der Kriegsmarine die Rolle der Pioniere zufallen wird.

Ob es zweckmäßig ist, vor dem allgemeinen Übergang Teilaktionen, etwa zur Besetzung der Insel Wight oder der Grafschaft Cornwall, zu unternehmen, ist vom Standpunkt jedes Wehrmachtteiles aus zu prüfen und das Ergebnis mir zu melden. Die Entscheidung behalte ich mir vor.

Die Vorbereitungen für die Gesamtoperation müssen bis Mitte August abgeschlossen sein.

2. Zu diesen Vorbereitungen gehört auch, daß diejenigen Voraussetzungen geschaffen werden, die eine Landung in England möglich machen:
   a) Die englische Luftwaffe muß moralisch und tatsächlich so weit niedergekämpft sein, daß sie keine nennenswerte Angriffskraft dem deutschen Übergang gegenüber mehr zeigt.
   b) Es müssen minenfreie Wege geschaffen sein.
   c) Durch eine dichte Minensperre muß die Straße von Dover in beiden Flanken sowie der Westeingang des Kanals etwa in der Linie Alderney - Portland abgesperrt sein.
   d) Durch starke Küstenartillerie muß das Küstenvorfeld beherrscht und artilleristisch abgeschirmt sein.
   e) Die Fesselung der englischen Seestreitkräfte kurz vor dem Übergang sowohl in der Nordsee als auch im Mittelmeer (durch die Italiener) ist erwünscht, wobei schon jetzt versucht werden muß, den englischen Seestreitkräften, die sich im Mutterland befinden, durch Luft- und Torpedoangriffe nach Kräften Abbruch zu tun.

3. Organisation der Führung und der Vorbereitungen.

   Unter meinem Befehl und nach meinen allgemeinen Weisungen führen die Herren Oberbefehlshaber die von ihren Wehrmachtteilen anzusetzenden Kräfte. Die Führungsstäbe des Ob. d. H., Ob. d. M. und Ob. d. L. müssen sich vom 1. 8. an in einem Umkreis von höchstens 50 km von meinem Hauptquartier (Ziegenberg) befinden.

   Zweckmäßig erscheint mir die gemeinsame Unterbringung der engeren Führungsstäbe des Ob. d. H. und des Ob. d. M. in Gießen. Der Ob. d. H. wird daher zur Führung der Landungsarmeen eine Heeresgruppe einschalten müssen.

   Das Unternehmen führt den Decknamen »Seelöwe«.

Entschluß, Rußland zu erledigen

Dokument Nr. 6: Tagebuchnotiz des Generalstabschefs Halder über eine Besprechung auf Hitlers Berghof, 31. 7. 1940

Führer:

a) Betont seine Skepsis gegenüber technischen Möglichkeiten (einer Landung in England). Ist von Leistung der Marine sogar befriedigt.
b) Betont Wetter.
c) Bespricht Entwicklungsmöglichkeiten des Feindes . . .
d) Angenommen: England tritt nicht an: Ausschalten der Hoffnungen, die England bewegen können, noch auf eine Änderung zu hoffen. Krieg an sich gewonnen. Frankreich fällt für britischen Geleitschutz weg; Italien bindet britische Kräfte.

U-Boot-Krieg und Luftkrieg kann Krieg entscheiden, wird aber ein bis zwei Jahre dauern. Englands Hoffnung ist Rußland und Amerika. Wenn Hoffnung auf Rußland wegfällt, fällt auch Amerika weg, weil Wegfall Rußlands eine Aufwertung Japans in Ostasien in ungeheurem Maße verfolgt.

Rußland ist ostasiatischer Degen Englands und Amerikas gegen Japan. Hier für England unangenehmer Wind. Japaner haben ihr Programm wie Rußland, das vor Kriegsende noch erledigt werden soll . . .

Rußland Faktor, auf den England am meisten setzt. Irgend etwas ist in London geschehen! Die Engländer waren schon ganz down, nun sind sie wieder aufgerichtet. Abgehörte Gespräche. Rußland unangenehm berührt von schneller Entwicklung der westeuropäischen Lage.

Rußland braucht England nie mehr sagen, als daß es Deutschland nicht groß haben will, dann hofft England wie ein Ertrinkender, daß in sechs bis acht Monaten die Sache ganz anders sein wird.

Ist aber Rußland zerschlagen, dann ist Englands letzte Hoffnung getilgt. Der Herr Europas und des Balkans ist dann Deutschland.

Entschluß: Im Zuge dieser Auseinandersetzung muß Rußland erledigt werden. Frühjahr 1941.

„Adlertag"

Der Morgen war grau, verhangen, mit Nieselregen, Nebel über den Absprungplätzen und Wolkenbarrieren im Kanal. Vom versprochenen Azorenhoch nichts zu sehen. Göring verschob den Generalangriff. Auf den Horsten standen über zweitausend Maschinen startklar. Vielleicht konnten sie nachmittags fliegen. Einige Verbände aber stiegen jetzt schon auf. Einfach deshalb, weil sie der Halt-Befehl des Ob. d. L. nicht mehr erreichte. So geschah es, daß der geplante Offensivschlag statt der erhofften Wirkung in Einzelaktionen verpuffte.

Eine davon unternahm Oberst Fink, Kommodore des KG 2. Schon um 5 Uhr am 13. August 1940 wollte er den »Adlertag« eröffnen und kroch in seine Führungsmaschine. Pünktlich flogen sie ab. Görings neueste Weisung traf zu spät in Finks Hauptquartier in Arras ein. Ein Rückruf per Funk war nicht möglich, weil es die Techniker versäumt hatten, den klapprigen Bombern die richtigen Kristalle für ihre Wellenlänge einzubauen.

Ahnungslos steuerte der Kommodore seinen Verband zum Jägertreffpunkt. Fink stutzte, als er eben die bewölkte Küste von Frankreich passierte und voraus ein paar Me 110 entdeckte. Sie spielten verrückt! Stellten sich auf die Nase. Stürzten. Fingen ab, zogen in wilden Kurven nach oben und kippten wieder.

Die Zerstörer vom ZG 26 hatten eben den Rückkehrbefehl über Funk erhalten und wollten durch ihre Kapriolen die Bomber zum Heimflug anhalten. Aber Fink kapierte nicht. Er flog weiter. Hinter ihm folgte Oberstleutnant Weitkus mit der II. und Major Fuchs mit der III. Gruppe. Ziel war der Flugplatz Eastchurch.

Der Verband brach durch die Wolkenbank und brauste nur 500 Meter hoch nach England hinein. Nirgends ein Jäger zu sehen, weder deutsche noch englische. Und das Radar meldete »nur wenige« Flugzeuge.

Staffelweise dröhnen die Bomber über Eastchurch hinweg. Schwenken ein. Sind über dem Platz. Bomben. Wie im Manöver. Ein paar Oerlikons bellen und hecheln lange Leuchtspurfäden gegen die Wolken. Feuerblitze zucken, Krater zerfetzen die Startbahnen, Druckwellen wirbeln Dächer fort und verrammeln die Fluchtwege und Saumpfade, auf denen das Bodenpersonal zu entkommen versucht. Baracken fliegen auseinander, Hallen bersten, und die kahlen Stahlgerippe verbiegen sich in der Hitze. In den Depots und Werkstätten bruzzeln Vorräte, schmoren Ersatzteile und blaken Feuerherde. Dann explodieren Munitionsbestände und schleudern ein schaurig-schönes Lichtergefunkel in den Himmel. Die Bunker sind gerammelt voll mit Leuten. Sie keuchen und haben Angst.

Fünfzig Bomben schon gefallen, fünf Blenheim-Maschinen sind nur noch Futter für die Flammen.

Fink befiehlt den Heimflug. Die Do 17 sammeln, schwenken in Formation ein und gehen dann auf Südkurs. Nicht lange. Gerade als sie die Insel Sheppey in der Themsemündung passieren, packen die Spitfires der 74. Staffel aus Hornchurch zu. Mit Verve und Wut. »Sailor« Malan, ein routinierter Fighter, führt. Mit Knüppel und Pedalen geht er in Schußposition. Kurvt schärfer ein. Sucht Vorhaltemaß. Der orangerote Kreis muß links vor die Nase der Dornier kommen . . . Schußentfernung! Daumen runter! . . . Acht MGs rattern los, die Maschine schüttelt, lange Leuchtspurgarben schlagen dem Bomber Löcher, amputieren ihm die rechte Fläche, so daß er aus der Horizontalen kippt, trudelt und dann schwarzqualmend in die Tiefe fällt. Nun greift auch noch die 111. Staffel mit den Hurricanes ein. Finks Stabskette trifft zuerst auf sie. Die erfahrenen Piloten der Hundertelften schießen vier Bomber ab. Sogar der Pilot Smith von der 151. Squadron holzt mit gegen die »Lastwa-

In dem britischen Jagdeinsitzer Supermarine Spitfire (oben) fand die deutsche Me 109 erstmals einen technisch ebenbürtigen Gegner. Die Hawker Hurricane (unten) war ihr an Flugleistungen und Bewaffnung unterlegen, bewährte sich jedoch hervorragend als solide Schußplattform bei der Bekämpfung deutscher Bomberverbände.

gen«. Er fliegt eine der wenigen Hurricanes, die mit Kanonen statt MGs ausgestattet sind.

Die Bomberbesatzungen wehren sich verzweifelt. Und verfluchen die eigenen Jäger. Weithin keine Spur von ihnen. Nur in der Ferne vermauern die Ballonsperren vor London den Horizont. Die Spitfires und Hurricanes greifen von allen Seiten an. Wie Hornissen. Nichts wie weg – in die Wolken. Ein Glück, daß sie da sind! Sonst hätte es ein Mas-

saker gegeben. Fink verlor bei diesem Einsatz fünf Maschinen, fünf andere mußten nach der Landung in die Werkstatt.

Wutschäumend stürmte Fink zum Telefon und verlangte von Kesselring Auskunft über »die verdammte Schweinerei mit den Jägern«. Dann verschlug es ihm die Sprache, als er erfuhr, daß er allein den »Adlertag« eröffnet hatte. Im vorgeschobenen Hauptquartier der Luftflotte 2, Kesselrings »Heiligem Berg« bei Blanc Nez, war der Morgen ohnehin turbulent: Göring im Anmarsch. Sein Sonderzug »Asien« und der des Stabschefs Jeschonnek, genannt »Robinson«, rollten schon durch Frankreich. Trotzdem flog Kesselring nach Arras und entschuldigte sich persönlich bei Fink.

Aber es unterliefen noch mehr Pannen. Der Jagdschutz der I./JG 2 (»Richthofen«) war überflüssig, weil die Ju-88-Bomber des KG 54 (»Totenkopf«) wegen Schlechtwetters dicht hinter der englischen Küste abdrehten. Dann griffen RAF-Jäger an. Ein Man der Crew sprang ab - doch seine Ju 88 kam unversehrt zurück.

Eine andere Gruppe des KG 54 wollte einen Scheinangriff auf Portland fliegen, um Jäger anzulocken. Plötzlich wurden die Bomber zurückgerufen: Verschiebung. Die Begleitjäger aber, Me 110 vom ZG 2, erfuhren nichts davon und flogen allein weiter. Über Portland gab es dann Kämpfe mit den Hurricanes von der 238. Staffel. Es war Mittag vorbei.

Göring hatte als neue Angriffszeit 14 Uhr genannt. Das Wetter hatte sich aber noch verschlechtert. Deshalb begann auch die zweite Hälfte des »Adlertages« ziemlich zerfahren.

13. August 1940: Eine Formation He 111 im Anflug auf England. Knapp 500 Bombereinsätze zählte die Luftwaffe am Abend des »Adlertages«. Das passende Wetter für den geplanten Großangriff ließ noch auf sich warten.

Eine Spitfire des Jägerkommandos wird während einer Gefechtspause in aller Eile aufgetankt und munitioniert. Deutlich zu erkennen vorn an der Tragfläche die Öffnungen für die vier 7,7 mm Browning MG.

Eilig tickerten die Fernschreiber neue Befehle hinaus: Bombenangriffe auf militärische Ziele in Südengland mit den RAF-Jägerflugplätzen als Schwerpunkte. Wo aber lagen sie? Die Luftbilder stimmten nicht. So traf Finks Schlag vom frühen Morgen in Eastchurch keinen Einsatzhafen für Spitfires (sie waren nur zeitweilig dort), sondern des Coastal Command (Küstenkommando). Auch in Farnborough und Odiham lagen keine Jäger, sondern das RAF-Forschungszentrum.

Als erster Verband startete am Nachmittag die Zerstörergruppe V. (Z)/LG 1 von Caen aus: 23 zweimotorige Me 110. Der Auftrag für Hauptmann Liensberger: Freie Jagd im Luftraum über Portland. Das Radar erfaßte den Verband noch, als er Cherbourg passierte. Aber die Briten hielten die Flugzeuge für Bomber. Und alarmierten drei Spitfire- und Hurricane-Staffeln in Tangmere, Warmwell und Exeter. Sie sollten die »Bandits« noch vor der Küste abfangen. Wenn Dowding das gewußt hätte! Sein ausdrücklicher Befehl: Jagdstreitkräften möglichst ausweichen - auf die gefährlichen Bomber konzentrieren!

Diesmal aber liefen sie in die Falle. Der deutsche Plan: Die Zerstörer verwickeln die RAF-Staffeln in Luftkämpfe; dann müssen die Briten runter zum Tanken und Aufmunitionieren - unsere Bomber schlagen zu. Eine gute Idee? Dafür bezahlten die Zerstörer teuer!

Sie erreichten eben die englische Küste. Plötzlich der Ruf: »Spitfire von hinten!« Da gab es nur eines: Abwehrkreis bilden. Gegen die schnellen Briten hatten die Me 110 keine Chance. Außerdem waren es zu viele Angreifer: über vierzig.

Als erster kurvte der Gruppenkommandeur ein, doch bevor der Zirkel geschlossen werden konnte, rasten die Briten aus der Überhöhung herunter und schossen zwei Zerstörer vom Himmel. Andere bekamen Treffer ab, denn die RAF-Jäger mit ihren acht, in den Tragflächen verteilten Browning-Maschinengewehren erzielten stets einen »Schrotflinteneffekt« und schwirrten jetzt ständig um die Messerschmitts herum. Mächtig feuernd durchbrachen sie dann den Kreis. Aber die gewaltige Armierung der Zerstörer - vier MGs und zwei Kanonen in Front - schlug drei Gegner zusammen. Mit Rauchschleppen fielen sie der Erde entgegen.

Als Liensberger nach hartem Gefecht dann endlich den Rückflug befehlen konnte, fehlten fünf Zerstörer, andere hatten unzählige Einschußlöcher.

Am späten Nachmittag klarte es auf. Gegen 17 Uhr zogen 52 Bomber vom Stukageschwader 77 unter Major Graf Schönborn über den Kanal mit dem Auftrag, Flugplätze bei Portland anzugreifen. Begleitschutz stellte das JG 27 von Oberstleutnant Ibels. Tiefhängende Wolken: Miserable Bedingungen für einen Sturzangriff. Die Wettervorhersage stimmte nicht. Mit voller Ladung machten die Ju 87 wieder kehrt. Sie hingen schwer in der Luft, als plötzlich die RAF-Jäger kamen. Fünfzehn Spitfires der 609. Staffel warfen sich im Sturzflug auf die langsamen Bomber und schossen fünf ab.

Neben den Zerstörern bewiesen nun die Stukas, daß sie den Schlägen der Royal Air Force nicht gewachsen waren.

Auch das Lehrgeschwader 1 unter Oberst Bülowius hatte Pech. Die schnellen, zweimotorigen Ju 88-Bomber starteten hinter den Stukas und näherten sich im Wolkenschutz ihren Zielen. Aber sie fanden sie nicht. Während nur sechs Maschinen den Jägerplatz in Middle Wallop erreichen und leicht beschädigen konnten, wählte Hauptmann Kern mit der I./LG 1 als Ausweichziel die Hafenanlagen von Southampton. Zwölf Bomber demolierten den Platz in Andover - aber er war keine Jägerbasis.

Weiter östlich, bei Kent, waren wieder Stukas im Einsatz:

Zu den Bildern auf den beiden folgenden Seiten: Die Schlacht von England im Spiegel der deutschen Propaganda. Links ruft die Luftwaffenzeitschrift »Der Adler« den »Großkampf gegen England« aus; rechts das Titelbild einer NS-Broschüre »Bomben auf Engeland« mit dem Stuka Ju 87 als Siegessymbol.

HEFT 23 / BERLIN, 12. NOVEMBER 194
Der Adler
PREIS 20 Pf.
HERAUSGEGEBEN UNTE
MITWIRKUNG DES REICHS
LUFTFAHRTMINISTERIUM
Grosskampf
gegen
ENGLAND
Vom Londonflug zur
Kampfflieger überspringen im Tiefflug
Steilküste. Rechts der Aufschlagbrand

Bomben
auf Engeland

Zwei Gruppen vom II. und eine vom VIII. Fliegerkorps. Voraus flog das JG 26, die erstklassige Jägereinheit von Galland und Priller. Diesmal aber führte Major Gotthardt Handrick, der Olympiasieger im Fünfkampf 1936. Während die Me 109 über die Straße von Dover fegten und den Luftraum gegen die Spitfires der 65. Staffel freiräumten, näherten sich die 86 Stukas ihrem Ziel, dem Flugplatz Detling bei Maidstone. Angriff. Sturzflug. Bombenwürfe ...

Es war 18.15 Uhr deutscher Zeit. Eben drängten die Leute in die Messen. Dann Alarmrufe, Sirenen. Hektik, Panik. Sie wollten in die Bunker und Splittergräben. Doch da kippten schon die Stukas aus dem Himmel, ihr Heulen schnitt ins Fleisch, die Motoren kreischten. Grausige Schläge trafen den Boden ...

Der Einsatzblock wurde verwüstet, 67 Menschen starben, 22 Flugzeuge verbrannten. Detling war ein blakender Trümmerhaufen. Nur: Er gehörte nicht dem Fighter Command, sondern dem Küstenkommando. Den Jägerplatz Rochford, nördlich der Themse, fanden die Stukas nicht. Auf dem Rückflug wurden neun Ju 87 überfallen. Spitfires schossen sechs davon bei Lyme Regis ab.

Am Abend des ersten Großkampftages zogen beide Seiten Bilanz. Kesselring und Sperrle hatten 485 Bomber und Stukas sowie an die 1000 Jäger eingesetzt. Bei nur 34 eigenen Verlusten wurden 13 RAF-Jäger abgeschossen und eine unbekannte Zahl an Maschinen am Boden zerstört. Beide Luftflottenchefs waren zufrieden und hofften auf besseres Wetter für den »ganz großen Schlag«.

Die Briten meldeten: 46 Feindverluste, 13 eigene Flugzeuge in der Luft, 47 in Bereitstellung und 11 Bomber über Deutschland eingebüßt. Erträgliche Minderungen der Kampfkraft. Wenn es nicht schlimmer kam, konnten die Engländer standhalten. Deshalb schufteten sie, um die Schäden zu beseitigen und abwehrbereit zu sein. Auch die deutschen Nachtbomber waren aktiv und flogen Einsätze gegen Städte in England, Schottland und Wales. Besonders zwei Bombardements zahlten sich für die Luftwaffe aus: gegen das Flugzeugwerk Shorts in Belfast und in Castle Bromwich, Birmingham, wo eben die Produktion der Spitfire Mark II anlief.

Auch die Briten brachten einen - mehr moralischen - Erfolg heim: 36 RAF-Bomber griffen die Flugzeugwerke von Fiat und Caproni in Mailand und Turin an.

14. August 1940. Miserables Wetter. Kein Großeinsatz möglich. Deshalb wurden nur Störangriffe durchgeführt. Wieder einmal war die Erprobungsgruppe 210 am Zuge und schickte 16 Zerstörer nach Manston hinüber. Durch Bombentreffer brannten vier Hallen aus.

Kleinere Bomberverbände flogen acht RAF-Plätze an, aber die Bombardements blieben ohne größere Wirkung.

Dieser Tag, neblig und verregnet, war für die Deutschen eine Zwangspause in der großen Schlacht, die gar nicht so recht in Schwung kommen wollte. Und der Wettergott hielt es sichtlich mit der anderen Seite.

15. August 1940. Auch dieser Tag begann konfus. Die Wetterfachleute sagten dichte Wolken voraus. Daraufhin blies Göring den geplanten Großeinsatz wieder ab und befahl die Führungsstäbe beider Luftflotten nach Karinhall in die Schorfheide, 70 Kilometer außerhalb von Berlin.

Aber inzwischen klarte es auf. Die Wolken verzogen sich, die Windgeschwindigkeit fiel auf 4 km/h, und deutsche Aufklärer verkündeten einen Schönwetterschub von Mittelfrankreich bis England.

Göring posierte als verschwenderischer Gastgeber mit Champagner, erlesenen Speisen, Brandy und Zigarren. Danach schloß sich eine militärische Diskussion an. Dabei rügte der Ob. d. L. den »lahmen Ablauf der Luftschlacht« und vor allem den Zerstörereinsatz: »Wie oft habe ich schon mündlich und schriftlich befohlen, daß die Zerstörerverbände nur einzusetzen sind, wenn es aus Reichweitegründen erforderlich ist. Die Notwendigkeit klarer Befehle ist noch nicht erkannt worden, oder sie wird nicht beherrscht. Soviele Zerstörer haben wir nicht. Wir müssen mit ihnen wirtschaftlich arbeiten.« Er warf Sperrle vor, unerfahrene

Mannschaften nach England zu schicken und riet ihm, Kampfesmüde »ohne Diffamierung« sofort zu beurlauben. Dann griff er technische Mängel auf: fehlende FT-Verständigung zwischen Jägern und Bombern; Abwurftanks für Jagdmaschinen u.a.

Beim Gefechtsstand des II. Fliegerkorps in Bonningues, südlich von Calais, blinzelte Oberst Paul Deichmann, Chef des Stabes, erstaunt in die Sonne. Keine Wolke. Flugwetter. Der Kommandeur, Bruno Loerzer, war bei Göring. Noch galten ja die Befehle vom Vortage. Und Stoßkeil sollte das II. Fliegerkorps sein: zwei Do 17- und ein He 111-Geschwader (»Legion Condor«), drei Ju 87-Gruppen und die Erprobungs-Gruppe 210 ... Wozu also noch warten? Jede Stunde zählte!

Deichmann stürzte ins Lagezimmer und jagte die Angriffsorder hinaus. Kurz darauf lief beim Hauptquartier der IV. St./LG 1 der »Ticker«. Zwei Staffeln Ju 87 unter von Brauchitsch wurden auf den RAF-Platz Hawkinge, andere vom II./St.G 1 (im Pas de Calais stationiert) auf Lympne angesetzt. Eine Gruppe Do 17 vom KG 3 sollte den RAF-Horst in Rochford, eine zweite den in Hornchurch ausschalten. In Küstennähe schloß dann die Jäger-Eskorte auf.

Deichmann warf sich in den Wagen. Raste los. Hinüber nach Cap Blanc Nez. In der Bunkeranlage auf der Höhe 104 befand sich der vorgeschobene Gefechtsstand der Luftflotte 2, Kesselrings »Heiliger Berg«. Aber der Feldmarschall hielt sich mit seinem Stab bei Göring auf. Nur der Einsatzoffizier (Ia), Oberstleutnant Rieckhoff, war da. Eben hatte er aus Berlin den Befehl erhalten, keine Einsätze fliegen zu lassen. Deichmann erklärte. Rieckhoff war bestürzt und un-

Oben: Schon zu Lebzeiten eine Fliegerlegende: Group Captain Douglas Bader, hier auf dem Cockpit seiner Hurricane.
Unten: In vielfältigen Funktionen wie zum Beispiel als Nachrichtenhelferinnen oder Beobachtungsposten trugen Frauen bei der britischen Luftabwehr zum siegreichen Ende der Schlacht von England bei. Hier üben Flakhelferinnen am Entfernungsmesser ihrer Batterie.

schlüssig. Deichmann sagte gut gelaunt: »Zu spät. Die sind schon gestartet!«

Der Ia wollte keinen Ärger, deshalb verlangte er eine Verbindung zu Kesselring in Karinhall. Höchste Dringlichkeitsstufe. Das dauerte. Endlich. Dann gab der Telefondienst die Auskunft, daß nach Weisung des Reichsmarschalls die Konferenz unter keinen Umständen gestört werden durfte. Rieckhoff hinterließ die Nachricht: »Sie greifen doch an!«

Die beiden Offiziere eilten hinaus. Über ihren Köpfen brausten die Verbände nach Nordwesten. Bald darauf schoß in Dover drüben die Flak.

Unbeabsichtigt löste nun Deichmanns Initiative den heftigsten Tageskampf der gesamten Luftschlacht aus. Von Lannion in der Bretagne bis hinauf nach Stavanger in Norwegen kamen die deutschen Luftstreitkräfte in Bewegung.

Als Auftakt bombten um die Mittagszeit die Stukas der Hauptleute Keil und von Brauchitsch Hawkinge und Lympne. Dieser Platz fiel für zwei Tage aus.

Zwischen Mittag und Mitternacht starteten nun nach Angaben der 8. Luftwaffenabteilung: 801 Bomber und Stukas, 1149 Jäger und Zerstörer sowie 169 Maschinen aus Skandinavien.

Von dort sollte die Luftflotte 5, deren gewagter Einsatz von der Luftwaffenführung am Vorabend erst freigegeben worden war, gegen England fliegen.

Die Verbände mußten bis zur Tyne- und Humbermündung 650 bis 750 Kilometer zurücklegen. Quer über die Nordsee. Für Hin- und Rückflug, Start, Landung, Angriff, Navigationsirrtümer und die »taktische Reserve« (20 Prozent) veranschlagten die Fachleute eine Flugstrecke von 1800 Kilometer. Die schaffte keine Me 109.

Gemäß Plan sollten erst zwanzig He 115 C-Wasserflugzeuge in Richtung Firth of Forth eine Scheinattacke führen. Zweck: die RAF-Jäger der 13. Fighter Group (Air Vice-Marshal Saul) nach Norden zu locken. Damit die Angriffskräfte freie Bahn hatten. Pünktlich schnurrten die Maschinen der Küstenfliegergruppe 506 (X. Fliegerkorps) mit Kurs auf die schottischen Gestade los.

Um 13.45 Uhr deutscher Zeit brauste das KG 26 über See heran. Es stellte den nördlichen Stoßkeil dar. In 4500 Meter Höhe donnerten 63 He 111-Bomber des »Löwengeschwaders«, in Stavanger (Norwegen) stationiert, Newcastle entgegen. Noch 40 Kilometer bis zur Küste. Die Männer in den Maschinen waren Experten im Torpedoeinsatz und in der Schiffsbekämpfung. Nun griffen sie Landziele an. Begleitschutz stellten 21 Zerstörer von der 2. und 3. Staffel des ZG 76. Auch diese Crews besaßen Routine: Im Dezember 1939 schossen sie Wellington-Bomber über Helgoland ab. Für den Fernflug waren die speziellen Me 110 D 1/R1-Maschinen ohne ihre Bordschützen gestartet, um das Gewicht der zusätzlichen 1000 Liter Treibstoff in den »Dackelhund-Bäuchen« unter den Rümpfen auszugleichen.

Dann passierte der Schnitzer. Der Navigationsoffizier verfranzte sich. Eigentlich sollte das KG 26 um 120 Kilometer südlicher angreifen. Ziel waren die Bomber-Flugplätze in Linton-upon-Ouse und Dishfort. Nun aber kam das Geschwader zu weit nach Norden ab und in die Einflugschneise der Wasserflugzeuge. Dadurch verlor der Scheinangriff seine Wirkung. Schlimmer noch: Statt die RAF-Jäger wegzuführen - wurden sie herbeigelockt!

Das Radar erfaßte beide Verbände als einen. Also auch dort Fehler! Dem Personal fehlte noch die Erfahrung. Erst meldete der Posten zwanzig, dann dreißig »Bogies«. Und mit falschem Kurs. Dafür aber schon seit vierzig Minuten. Zeit genug, die Abwehr zu mobilisieren. Das Problem für den Chef des Fighter Command, »Stuffy« Dowding, war nun die Aufteilung. Denn: Auch im Süden war mit Massen-

Zu den Bildern auf den beiden folgenden Seiten: Die Luftschlacht von England aus der Bordkamera eines englischen Jagdpiloten: Links oben He 111-Bomber im Anflug, rechts unten im Feuer der acht 7,7 mm Browning MG.

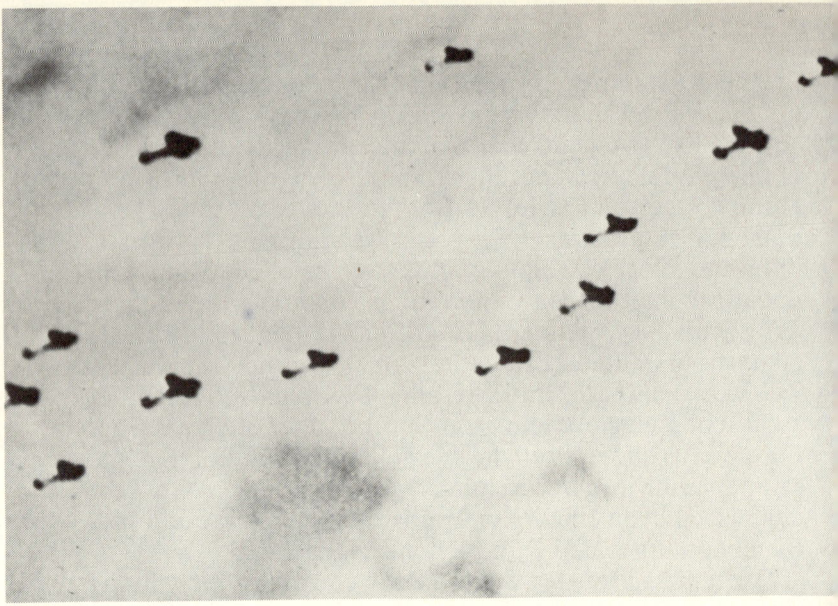

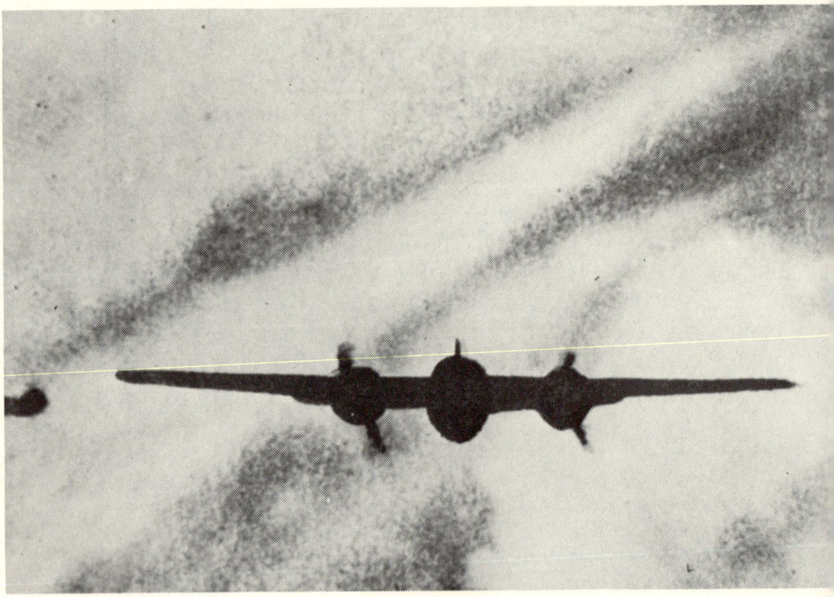

einflügen zu rechnen. Zog er nun Maschinen aus dem Norden ab, um die Verteidigung »im Herzen Englands« zu verstärken, mußten Tyneside und Yorkshire dafür bezahlen. Vorerst schickte der Abschnittsleiter die 72. Staffel aus Acklington in Northumberland los. Sie führte gerade Überwachungsflüge durch. Der Staffelführer, Flight Lieutenant Graham, ging mit seinen Maschinen auf 5500 Meter, um sich Höhenvorteile zu sichern. Dann kamen die Deutschen: zwei Bomber- und eine Zerstörergruppe.

Graham rief überrascht: »Das sind ja mehr als hundert!« Radar hatte doch nur dreißig gemeldet . . .

Im Sprechfunk wird es turbulent: »Spitfire von rechts! – Angriff aus der Sonne! – Werde von Spit beschossen!«

Die Zerstörer fliegen über den Bombern. Vorn der Stabsschwarm mit Hauptmann Restemeyer. Der zweite Mann in der Spitzenmaschine ist nicht der Bordfunker, sondern Hauptmann Hartwich. Er ist Chef der Funkhorchkompanie beim X. Fliegerkorps und will die Jägersprechwellen der Briten abhören, ihre Abwehrmaßnahmen studieren. Aus dem Ergebnis sollten taktische Möglichkeiten für die eigenen Verbände abgeleitet werden. Hartwich hat die Maschine mit Apparaten vollgepackt. Dreht daran herum. Rückt am Kopfhörer. Lauscht . . . Graham drückt den Mikrofonknopf: »Reihe formieren. Wir gehen runter. Kette hinter Kette.« Die Spitfires stürzen und nehmen Tempo auf. Der Zeiger des Geschwindigkeitsmessers schlägt weit aus. Noch tiefer. Runter. Die Silhouetten werden größer, kompakter. Bomber? Nein: Zerstörer! Me 110. Mit enormer Feuerkraft.

Graham geht in den Messerflug über. Saust an der Me 110 »Dora« des Kommandeurs entlang. Restemeyer ist in einer Kehrtkurve. Will kämpfen. Haut eine volle Pulle hinein . . . Dann der Schlag! Explosion. Der Zerstörer fliegt auseinander, die Fetzen wirbeln davon. Brennend trudelt der Flugzeugtorso in die See.

Der Tommy staunt über die Wirkung und schraubt seine Spitfire wieder in Angriffsposition.

Was ist passiert? Der Brite hat den »Dackelbauch« getroffen, den Zusatztank. Er ist leer, kann aber wegen einer Fehlkonstruktion nie abgeworfen werden. Drinnen stauen sich Benzindämpfe. So wird der Tank zur Zeitbombe! Schon manche Crew auf Fernflügen mußte dran glauben.

Nun greifen auch noch die RAF-Jäger der 79., 41., 605. und 607. Staffel an. Und die Flak von Tyneside grummelt. Die Fighter turnen durch den Raum. Lärm. Feuerstöße. Raketengeflimmer. Zwölf Briten stehen fast tausend Meter über den Deutschen. Rasen westwärts, kommen aus Messerkurven wieder – mit der Sonne im Rücken. Nun drücken sie zur Attacke herunter. Wie Brandpfeile. Die Rümpfe blitzen. Lichtreflexe überall. Dann bellen die Brownings los ... Ein RAF-Pilot fragt seinen Staffelführer: »Hast du sie gesehen?«

Die Antwort wird später im gesamten Jäger-Kommando berühmt: »Natürlich habe ich die B-B-B-Bastarde entdeckt. Ich versuche herauszufinden, w-w-w-was man machen sollte.« Die Briten merken schnell, daß sie den Zerstörern überlegen sind. Und spielen diesen Vorteil ganz aus. Ziehen hoch, kippen aus der halben Rolle in den Sturzflug, drücken an, schießen sich durch den Gegner und fangen erst tief unten ab.

Unteroffizier Richter fliegt eine Me 110. Sie macht das »Schlußlicht«. Plötzlich Beschuß. Richter wird am Kopf getroffen, ist besinnungslos. Die Maschine stürzt. Aus! denkt der Bordfunker Geishecker und springt ab. Er bleibt vermißt. Richter aber kommt zu sich, fängt den Zerstörer noch ab und bringt ihn über die Nordsee zurück. Bei Esbjerg macht er eine Bruchlandung.

Der Kampf geht weiter. Oberleutnant Uellenbeck wehrt sich mit den letzten fünf Zerstörern der 2. Staffel. Er kommt gerade aus einer Messerkurve. Will in den Sturzflug gehen . . . . eine Spitfire. Sie rast durch das Revi. Schuß! MGs und Kanonen hacken los, nageln den Briten an den Himmel, jäh bäumt die Spitfire auf, dann fällt sie mit einem Ruck aus der Bahn und wirbelt in die Tiefe.

Eine Ju 88 hat es nach schwerem Flakbeschuß gerade noch über die Kanalküste zurück nach Frankreich geschafft. Jetzt wird sie nach der Bauchlandung von Männern des Reichsarbeitsdienstes begutachtet.

Plötzlich kracht es im Heck. Korditgestank. Zugluft. Uellenbeck reißt herum, drückt an. Vollgas und weg. Oberfeldwebel Schuhmacher vertreibt die Spitfire und verpaßt ihr ein paar Treffer. Weiter drüben erwischt Leutnant Wolters gleich zwei Briten und stanzt ihnen Löcher in ihre Maschinen.

Die Zerstörer beißen wie Wölfe um sich.

Oberleutnant Gollob führt die 3. Staffel. Sie will die III. Gruppe des KG 26 decken. Aber die Tommys greifen ständig an. Sie möchten die Bomber herunterholen. Das ist ihr Auftrag. Eben geht eine Heinkel brennend ab. Die Spitfire zieht tiefer und sucht ein neues Opfer. Oberfeldwebel Linke setzt sich dahinter. Holt beim Sturz schnell auf. Zielt. Ballert los ... Die Geschoßbahnen packen den Gegner, treffen voll. Qualmend schraubt der Jäger in die Tiefe.

Sekunden später knallt es. Der Motor raucht. Bleibt stehen. Linke verdrückt sich in die Wolken, ändert den Kurs und bringt die defekte Maschine bis auf den Platz in Jever, Ostfriesland.

Die Zerstörergruppe I./ZG 76 verlor bei diesem Einsatz sechs Maschinen und meldete elf Abschüsse. Die Briten gaben nur einen Jägerverlust zu. Der Chef der 13. Gruppe, Saul, hatte kaltblütig Staffeln von Drem (Schottland) und Carterick (Yorkshire), aus dem nördlichsten und südlichsten Bereich seines Rayons, abgezogen. Sie griffen das KG 26 an, das sich verflogen hatte und nun seine Ziele suchte. Im Notwurf lud es die Bomben zwischen Newcastle und Sunderland ab. Dort gingen 24 Häuser zu Bruch, aber Fabriken oder Flugzeugwerke wurden nicht getroffen. Das »Löwengeschwader« verlor (einschließlich Zerstörer) 15 Maschinen. - Den südlichen Angriffsstoß führten die drei Gruppen des KG 30. Die Ju 88 (»Wunderbomber«) des »Adlergeschwaders« flogen ohne jeden Begleitschutz von Aalborg (Dänemark) herüber. Es waren die neuesten Maschinen der Luftwaffe. Und schnell. Einigen Bombern wurden im Bug extra Kanonen montiert, um die Jäger zu ersetzen. Bei Flamborough Head traf der Verband die Küste und flog das Ziel, die RAF-Station in Driffield (Yorkshire), im Wolkenschutz an. Diesen Bereich überwachten die Jäger der 12. Gruppe unter Air Vice-Marshal Leigh-Mallory. Er schickte sofort zwölf Spitfires von der 616. und sechs Hurricanes von der 73. Staffel zum Angriff. Sogar einige Blenheims, Nachtjäger, setzte er ein.

Die Junkers warfen inzwischen bei Bridlington ihre Ladungen in ein Munitionsdepot und vernichteten in Driffield zehn abgestellte Whitley-Bomber. Dann wurden sie von den RAF-Jägern übel zugerichtet: sieben stürzten getroffen ab, drei andere konnten sich arg beschädigt auf Plätze in Dänemark, Holland und Deutschland retten. Ohne Jagdschutz war es eben doch zu riskant.

Bei diesem ersten (und auch letzten) Einsatz verlor die Luftflotte 5 fast 20 Prozent ihres Flugzeugbestandes.

Enttäuschung bei den Luftwaffenstrategen und die neue Erkenntnis, daß Bomber unbedingt die Me 109 brauchten. Daraus wiederum mußte der Schluß gezogen werden, daß die künftigen Operationsgebiete nur im Rahmen der Jäger-Reichweite liegen durften: Südostengland! Für Dowding ein großer taktischer Vorteil: Er konnte seine RAF-Kommandos bequem und sicher außerhalb des Me 109-Radius stationieren.

Kaum flogen die Verbände der Luftflotte 5 ab, überstürzten sich in England die Alarmmeldungen: Sechzig »Bogies« bei Ostende; Calais hundertzwanzig oder mehr! . . . Von Antwerpen-Deurne und St.-Trond hoben zwischen 14.50 und 15.06 Uhr drei Do-17-Gruppen des KG 3 ab. Ziel: Rollfelder und Flugzeugwerke südlich der Themse. Kommodore war Oberst von Chamier-Glisczinski. Er flog mit der Geschwader-Führungskette an der Spitze der II. Gruppe. Sie sollte unter Hauptmann Pilger den Jägerhorst in Rochford bomben. Er lag direkt auf der Anflugroute nach London.

Dicht vor der Küste passierten die Bomber den Jägertreffpunkt. Am Pas de Calais, direkt am Kanal, lagen die Absprungbasen der Me 109-Staffeln. Sie mußten Sprit sparen. Jeder Tropfen mehr konnte im Luftkampf den Ausschlag geben. Gewöhnlich starteten die Jäger, überholten die Bomber und stiegen dann einige tausend Meter über sie.

Heute gab es ein Massenaufgebot: das JG 26 (Major Handrick), davon die III. Gruppe unter Major Galland als bekannteste; er selbst schoß an diesem Tage drei, die Gruppe achtzehn Briten in vier Einsätzen ab. Auch Gruppen vom JG 51 (Major Mölders), 52 (Major Trübenbach) und 54 (Major Mettig) starteten Richtung England. Die Radarposten waren verwirrt. Anflüge überall im Süden und Südosten. Massen! Vice-Marshal Park alarmierte die 11. Gruppe. Elf Staffeln, 130 Spitfires und Hurricanes, fegten in Schnellstarts über die Pisten . . . Handzeichen der Staffelführer. Los! Und im Kopfhörer ihre Stimmen: »Ich starte!« Gashebel vor. Bremse los. Der Rolls-Merlin-Motor heult auf. Die

17. Staffel startet in zwei Halbstaffeln zu je zwei Ketten. Drei Maschinen donnern über das Feld. Heben ab, ziehen los, nehmen die Fahrwerke herein, schrauben sich steil nach oben. Die nächsten brausen die Startbahn hinunter. Routinebewegungen: Knüppel an den Bauch, abheben, Fahrgestell einfahren, Gas wegnehmen, Kabinendach schließen, verriegeln, Blick auf die Instrumente . . . Steigflug. Reflexvisier einschalten, den Auslöseknopf auf »Feuer« stellen. Die Waffen sind geladen: acht Browning-MGs. Überwiegend ist De-Wilde-Leuchtspurmunition drin. Meist schimpfen die Warte, weil diese Munition die Läufe ruiniert. Aber sie ist wirksamer als Panzermunition . . . Oben liegt eine Schicht von Stratuswolken. Die Staffel geht in Marschflug über. Die Ketten melden sich: »Führer Gelb in Position - Führer Grün . . . - Führer Blau . . .« Sie haben ihre Farbnamen. Die eigenwillige Gefechtsformation der Fighter Squadrons ist - eine Schwäche. Besonders ältere Offiziere klammern sich an die »wohlgeordneten Figuren des Formationsfluges« und der Zielanflüge. Grundlage ist der Verband aus drei Flugzeugen in V-Stellung (Pfeil) fliegend. Zwei solcher Pfeile bilden eine Halbstaffel (»Flight«), wiederum zwei davon eine Staffel mit zwölf Maschinen. Mehrere Staffeln ergeben ein Geschwader (»Wing«). Diese Gliederung ist zu eng und dem deutschen »Vier-Finger-System« unterlegen: Basis ist hier die »Rotte«; sie besteht aus dem Chef (dem besseren Schützen) und dem Flügelmann, genannt »Katschmarek«. Der muß den Chef beim Angriff schützen. Zwei Rotten bilden einen Schwarm. Der erfahrenste Flieger führt beide Paare, doch sie bleiben einzeln effektiv . . . Die Leitoffiziere scheuchten ihre Staffeln herum. Nur paarweise eingesetzt, trafen sie überall auf überlegene deutsche Jäger.

Zum Bild auf den beiden folgenden Seiten: Jagdasse unter sich. Ernst Udet, Deutschlands erfolgreichster überlebender Jagdflieger des 1. Weltkriegs, im Gespräch mit den beiden Eichenlaubträgern der Schlacht von England, Adolf Galland (Mitte) und Werner Mölders (rechts).

So kam die 17. Staffel zu spät zu ihrem Stützpunkt Martlesham zurück. Dort hatten schon die Bomben gehaust. Die Erprobungsgruppe 210 flog mit 24 Jabos einen erfolgreichen Angriff und demolierte Hallen, Depots und Nachrichtenmittel. Erst zwei Tage später war Martlesham Heath wieder zu gebrauchen.

Bomber vom KG 3 belegten den Küstenflugplatz Eastchurch und Rochester. Schauer von 50-Kilo-Bomben und Zeitzünderbomben trafen auch die Short-Werke. Dort wurde gerade die Produktion der viermotorigen Bomber Sterling angekurbelt. Nun brannte das Fertigteillager aus. Mehrmonatige Verzögerung.

Nach dem Abflug des KG 3 war Pause. Fast zwei Stunden lang keine Einflüge. Wieder ein taktischer Schnitzer der Deutschen. Den Briten wurde aufgrund mangelnder Koordination eine Reorganisations- und Regenerationsfrist eingeräumt. Statt gerade jetzt zuzuschlagen – wurde gewartet. Bisher hatte Kesselrings Luftflotte 2 angegriffen. Nun war Sperrle an der Reihe. Seine Verbände flogen England 200 Kilometer weiter westlich an. Doch als sie kamen, hatten die Tommys schon wieder ihre Maschinen mit Sprit versorgt und aufmunitioniert.

16.45 Uhr. In Orléans starteten Ju 88-Bomber vom LG 1, kurz danach zwei Stuka-Gruppen aus Lannion sowie die Jäger vom ZG 2 und den JGs 27 und 53. Gegen 18 Uhr donnerten fast 200 Maschinen über den Kanal.

Vierzehn Staffeln, 170 RAF-Jäger, warfen sich den Deutschen entgegen. Die bisher höchste Zahl. Und sie fochten verbissen. Noch vor der Küste begann der Kampf. Im Sprechfunk überschlugen sich die Warnrufe: »Spitfires . . .! Hurricanes . . .!« Oben gab es Turbulenzen. Die Me 109 schlugen zu. Sie hetzten die Briten durch den Himmel. Und wurden selbst verfolgt. Bomberschutz? Die mußten sich jetzt um sich selbst kümmern. Durchhalten. Geradeausflug. Wie die Geier fielen die RAF-Jäger zwischen sie und feuerten drauflos. Im Nu war der Verband aufgesprengt, und die Briten machten nun ungestört Jagd auf die einzeln fliegenden Ju 88. Es gab kein Entrinnen, denn die Spits machten runde 200 »Sachen« mehr. Und schossen wirkungsvoller. Deshalb hatten die Bomber ihre Not, um durchzukommen. Viele aber schafften es nicht. Die meisten Staffeln verfehlten ihr Ziel und warfen die Bomben irgendwo ab.

So endete der dritte Tag der Luftoffensive wieder nicht ganz zufriedenstellend. Und wie zu erwarten, klafften die Zahlenangaben beider Kontrahenten weit auseinander: Die Briten meldeten bei 34 eigenen Verlusten den Abschuß von 182 Feindmaschinen als sicher, von weiteren 53 als wahrscheinlich. Das aber war knallige Propaganda! Die Deutschen gestanden 55 eigene Einbußen ein, wollten aber 111 sichere und 14 fragliche Erfolge verbucht wissen. Auch da fehlte der Rotstift!

Fazit: Die RAF war noch nicht ausgeschaltet. Der »Eiserne« hatte wieder einmal zuviel versprochen. In einer Spitzenkonferenz der Luftflotten- und Korpskommandeure verfügte er: Aufgrund der hohen Offiziersverluste darf nur noch höchstens ein Offizier in einer Maschine sein; jeder Stuka wird künftig von drei Jägern begleitet. Und weiter: »Es ist zweifelhaft, ob es irgend einen Grund gibt, die Angriffe auf die Radarstationen fortzusetzen, angesichts der Tatsache, daß bislang nicht eine der angegriffenen außer Gefecht gesetzt wurde.« Eine schwerwiegende Fehlentscheidung. Die Engländer verstärkten ihre Abwehr von Schottland bis Devon. Wenn nicht mehr passierte als bis jetzt! . . .

16. August 1940. Die Luftwaffe setzte 1700 Flugzeuge ein, davon aber nur 400 Bomber. Sie flogen den Platz in West Malling und Tangmere an; 14 Feindmaschinen wurden vernichtet. Auch die Radarstation in Ventnor wurde gebombt. Diesmal schwieg sie eine Woche. Eine mobile Anlage funkte von Bembridge aus. Aber ihre Impulse blieben schwach. Den größten Coup landeten zwei Ju 88. Sie stießen zum Flugplatz Brize Norton nahe Oxford durch und fuhren sogar die Fahrgestelle aus, um für »Blenheims« ge-

Von der Bordkamera einer Me 109 festgehalten: der Abschuß eines Hurricane-Jägers über England. Solche Aufnahmen waren die einzig stichhaltigen Beweise für die von deutscher wie von englischer Seite stark aufgebauschten Verluste des Gegners.

halten zu werden. Eben wurden RAF-Jäger aufgetankt. Da kam der Bombenabwurf. Ein Inferno brach aus: Brände, Explosionen; 46 Flugzeuge gingen kaputt, 7 weitere in die Reparatur.

Die Deutschen hatten auch ihre Taktik geändert: Jäger flogen nicht mehr über, sondern auf Höhe der Bomber. Ein Vorteil für die Briten, denn nun gab es Luftkämpfe im Bereich zwischen 3650 und 6000 Meter (Bomberflughöhe). Die Me 109 konnte mit dem Vorverdichter 10 300 Meter hoch fliegen, die Spitfire knapp 9200, obwohl das Werk 11400 angab. Nun war der Höhenvorteil der Messerschmitt nicht mehr wichtig.

Auch die Dornier-Bomber warteten mit einer neuen Technik auf: Sie griffen jetzt in einem langen, seichten Sturzflug an. Dabei waren sie 592 km/h schnell.

Das Wetter wurde schlechter. Einige Kampfgruppen fanden die Zielplätze in Debden, Duxford, Hornchurch und North Weald nicht. Dieser Tag sollte ein Triumph der Luftwaffe werden. Doch sie verlor 45 Flugzeuge. Die gemeldeten 108 Abschüsse stimmten wohl wieder nicht, denn London gab nur 21 zu.

Trotzdem, schrieb Churchill dem Chef des Luftstabes: »Während unsere Blicke auf die Ergebnisse der Luftkämpfe über unserem Land gerichtet sind, dürfen wir die ernsten Verluste nicht übersehen. Sieben schwere Bomber gingen in der vorigen Nacht verloren, und nun wurden noch 21 Flugzeuge auf dem Boden zerstört, die meisten davon in Tangmere – insgesamt als 28. Diese 28 zuzüglich unserer 22 verlorenen Jäger ergeben für diesen Tag (16. August) einen Verlust von 50 – und das läßt die deutschen Verluste in einem wesentlich anderen Licht erscheinen . . .« Auch hier die Zahlenangaben nicht korrekt!

18. August 1940. Sonntag. Das KG 76 unter Generalmajor Fröhlich setzte zu kombinierten Hoch- und Tiefangriffen gegen Sektorenstationen in Biggin Hill und Kenley an. Dort wurden Hangars zerstört, Rollbahnen demoliert und vier Hurricanes zertrümmert.

Vier Ju 87-Gruppen vom VIII. Fliegerkorps erschienen über den Plätzen in Gosport, Ford und Thorney Island. Auch West Malling, Croydon und Poling wurden gebombt.

Gegen Mittag stiegen die Hurricanes der 615. Staffel von Hawkinge auf. Aus Südosten flogen 150 »Banditen« ein. Noch im Aufstieg erhielten die RAF-Piloten den Befehl, hinter den deutschen Jägern in 7620 Meter Höhe herzufliegen. Dafür wären Spitfires geeigneter gewesen. Zumal Leutnant Looker Schwierigkeiten hatte. Er flog eine Hurricane I aus der Reserve: stoffbespannte Tragflächen, kein selbstdichtender Tank, verstellbare De-Havilland-Luftschraube (statt konstantem Rotor-Propeller). Alles in allem: weniger Leistung, mehr Arbeit für den Piloten. Außerdem zog die Staffel noch im Vorkriegsstil mit vier »V«-Ketten und eng zusammen in den Kampf.

Lookers Maschine erwischte einen Treffer am Leitwerk, als Me 109 aus der Sonne herauskamen. Der Leutnant trimmte den lädierten »Vogel« und schlüpfte durch die Drähte der Ballonsperren – die gerade solche Manöver verhindern sollten. In Croydon, Londons Vorkriegsflugplatz, kam er herunter, nachdem ihn die Flak nicht getroffen hatte. Die Kanoniere hielten die Maschine für einen deutschen Bomber. Looker erhielt eine Rüge, weil er das Rollfeld als Notlandeplatz mißbraucht hatte. Seiner Hurricane aber widerfuhr viel Ehre: Sie wurde ein Ausstellungsstück im Londoner Wissenschaftsmuseum.

Die britischen Piloten beschwerten sich beim Jägerkommando über die veraltete V-Formation, von den Deutschen »Bananenbündel« genannt. Sicher spielte auch die Übermüdung dabei eine Rolle. In Biggin Hill z. B. schliefen die Männer der 32. Staffel unter ihren Hurricanes. Der Fallschirmsack diente als Kissen. In Rochford blieb die 151. Staffel gleich in den Cockpits sitzen. Einsatzbereitschaft war oft schon um drei Uhr. Es gab auch Ärger über Unterkünfte, Essen, mangelnde Hygiene-Einrichtungen und häufige Versetzungen. Für die Stukas wurde der Einsatz ein Opfergang. General von Richthofen vermerkte im Tagebuch: »Eine Stuka-Gruppe wird richtig gefleddert.« – Das war die I./StG 77: von 28 Ju 87 kehrten nur 16 heim; davon zeigten sechs schwerste Schäden. Insgesamt verlor die Stuka-Waffe an diesem Sonntag 30 Maschinen. Das waren zuviele! Göring zog die Ju 87 aus der Schlacht. Aber auch die Jäger zahlten ihren Tribut.

Die Royal Air Force nannte für diesen Kampftag 155 »sichere« Abschüsse, wogegen die Deutschen nur 36 eingestanden. Die Wahrheit lag bei 71. Dowding mußte 27 Maschinen abbuchen.

Noch immer war die RAF nicht erledigt. Gewiß, die Piloten waren todmüde, sie hatten Verluste – doch der Kampfwille war ungebrochen. Vor allem: der gefürchtete große Offensivschlag blieb aus!

19. August 1940. Schlechtes Wetter. Keine Großeinsätze.

Stabskonferenz bei Air Vice-Marshal Park, Chef der 11. Fighter Group. Sein Appell an die Abschnittkommandeure und Leiter: Flugplätze verteidigen, Jägerkämpfe vermeiden, Bomber vernichten. Es gab Kontroversen: Sollten nun Jäger die Plätze verteidigen, statt die Gegner zu jagen? . . . Der Nachschub an Jagdmaschinen klappte. Lord Beaverbrook, ehemals Zeitungsverleger, jetzt Minister für Flugzeugproduktion, wollte bis Ende August 1000 verfügbar halten, weitere 500 reparieren lassen.

Aber es fehlte an Piloten. Seit Beginn des »Adlertages« waren 80 Prozent der Staffelführer ausgefallen: tot, verwundet, abgezogen. Dem Nachwuchs fehlte die Kampferfahrung. Die Ausbildungszeit dauerte nur zwei Wochen (vorher 6 Monate). Dowding besaß schon einen Geheimplan, um die Einheiten der Einsatzausbildung (OTU, Operational Trainings Units) ins Gefecht zu bringen. Doch daraus wurde nichts. Die Führung der RAF-Staffeln im Kampf war gut, die Vorbereitung darauf skandalös. Es gab gar keine. Und es existierte z. B. die 607. Staffel oben in Usworth, in County Durham, die noch nie fliegen durfte. Sie testete ihre Hurricane-Motoren auf dem Boden! . . .

Auch Göring hielt eine Konferenz ab. Bis hinunter zu den Gruppenkommandeuren mußten die Führungskräfte erscheinen: 12 Uhr in Karinhall. Dort hagelte es Vorwürfe: zu hohe Verluste, schleppender Verlauf der Offensive. Der Ob. d. L.: »Die Jäger und Zerstörer dürfen ihren Begleitauftrag auch wegen des Wetters nicht abbrechen!« Jeder Jagdflieger, der dagegen verstoße, werde vor ein Kriegsgericht gestellt. Die Bomber wiederum »müßten streng in Formation bleiben«, damit die Jäger ihren Auftrag erfüllen können. Auch sollten immer die gleichen Jäger- und Bombermannschaften zusammen fliegen, um ein »persönliches Verantwortungsgefühl« zu entwickeln.

Zum Bild auf den beiden folgenden Seiten: Major Galland kehrt von einem Feindflug über den Kanal zurück und wird vom Bodenpersonal begrüßt.

Großangriffe gegen Städte blieben weiterhin verboten. Aber General Geisler vom X. Fliegerkorps erhielt Sondererlaubnis, von Norwegen aus einen schweren Angriff auf das Stadtgebiet von Glasgow zu fliegen. Sperrle sollte Nachtflüge auf Liverpool und Birkenhead vorbereiten (aber noch nicht ausführen). London blieb noch tabu.

General von Richthofen verfaßte das Resümee der Sitzung: »Es muß energisch anders an England rangegangen werden.«

Nun kamen auch die Nachteile der Me 109 gegenüber der Spitfire zur Sprache. Als Göring seine beiden Jagdflieger-Asse nach ihren diesbezüglichen Wünschen fragte, bat Mölders um ein stärkeres Triebwerk für die Me 109. Galland aber verlangte: einen »Haufen Spitfires für meine Gruppe«. Diese Bemerkung nahm ihm der Reichsmarschall sehr übel.

Nach einem Bericht des Geheimdienstes der Luftwaffe vom 16. August betrugen die Verluste der Royal Air Force seit Juli 574 plus »einige hundert« am Boden zerstörte Maschinen. Eine optimistische Schätzung! Dazu offerierten die Experten folgende Rechnung: 300 lieferten die Fabriken, somit lagen die »gesamten Mittel« bei 430, davon einsatzbereit nur 300. Dagegen protestierten die Flieger, denn: mit diesem Aufgebot hätten die RAF-Kommandos nicht solche Schläge austeilen können. Diese Skepsis war durchaus begründet. Zu dem Zeitpunkt hatte die RAF über 700 Maschinen auf den Plätzen.

Gemäß Görings Befehl wurden die Jagdgruppen der Luftflotte 3 von Cherbourg in den Pas de Calais verlegt und Osterkamp unterstellt. Sperrle erhielt dafür die Me 110-Einheiten der Luftflotte 5 aus Norwegen.

So lagen die Jäger näher an den Einsatzzielen, um der »angeschlagenen« RAF den Todesstoß versetzen zu können.

Krisen

24. August 1940. Seit fünf Tagen relative Ruhe. Starke Bewölkung hielt große Luftverbände fern. Zeit für Statistiken: die deutschen Verluste beliefen sich seit Anfang August auf 400 (offizielle britische Stellen nannten die doppelte Zahl!), die englischen auf 213. Dowding hatte schon seine Reserven angreifen müssen, weil die Lieferung an Jagdmaschinen die Verluste nicht ausglich. Schlimm war es bei den Piloten: 154 tot oder verwundet, erst 63 Ersatzleute. Noch war die RAF-Jagdwaffe nicht erledigt, doch es begann für sie eine schwere Zeit, die sogenannte »kritische Periode«, die bis Anfang September dauerte: die verpaßte Chance der Deutschen! Am vierundzwanzigsten flog die Luftwaffe wieder. Bis zum 6. September schickten nun Kesselring und Sperrle im Schnitt tausend Maschinen täglich nach England. Sie sollten Parks 11. Gruppe zertrümmern, die das »Herz von Großbritannien« bewachte. Angriffspunkte waren: Manston, Kenley, Biggin Hill, Hornchurch, North Weald und Northolt.

Göring dazu: »Wir haben den entscheidenden Abschnitt des Luftkrieges gegen England erreicht.«

Parks Abschnittsflugplätze lagen ringförmig um London angeordnet. Ein durch die Themsemündung schlecht auszumachendes Gebiet.

In der Nacht zum Sonntag, dem 25. August, passierte es. Ein Verband auf der Themseroute sollte ein Flugzeugwerk in Rochester und die Öltanks von Thameshaven angreifen. Eine Crew kam vom Wege ab und warf ihre Bomben in die City von London. Neun Zivilisten wurden getötet.

Schon in der Frühe erhielten alle in dieser Nacht eingesetzten Verbände Görings Fernschreiben: »Es ist unver-

Sommer 1940: Aus dem bombengefährdeten London werden Schulkinder in den Westen der britischen Insel evakuiert.

züglich zu melden, welche Besatzungen Bomben in den Sperraum London geworfen haben. Der Ob. d. L. behält sich vor, die betreffenden Kommandanten selbst zu bestrafen und zur Infanterie zu versetzen.«

Churchill verlangte kategorisch einen Angriff des Bomber Command auf Berlin. Unklar ist bis heute, ob es sich hierbei um den Anfang von reinen »Vergeltungsschlägen« handelte oder um einen »Schachzug« des Premiers, der deutsche Bomber von den RAF-Jägerplätzen weg nach London führen sollte. Er schrieb dazu: »Im August waren die Flugplätze des Fighter Command die Hauptangriffsziele der deutschen Bomber . . . Diese von der deutschen Bomberwaffe gegen mehr als zwanzig lebenswichtige Flugplätze geflogenen Angriffe zogen die Bodenorganisationen der britischen Jägerwaffe stark in Mitleidenschaft . . .« Schätzungen besagten, daß die Fortsetzung derartiger Operationen über weitere drei Wochen die britischen Reserven an Jagdflugzeugen total erschöpft hätte.

Jedenfalls starteten in der Nacht zum 26. August 81 Maschinen des Bomber Command zum 1000-Kilometer-Flug nach Berlin. Angeblich warfen 29 Zweimotorige ihre Bomben durch die dichte Wolkendecke. Die Deutschen zählten aber nur zehn Einschläge in Wohngebieten. Hohe Führungsstellen gelobten, diese »Greueltaten« zu rächen. Zwar waren die Schäden in London (wie beim Angriff 1918 auch) und Berlin (es sollte als »unangreifbar« gelten) effektiv gering, moralisch jedoch außerordentlich gravierend. Es war der Beginn der »psychologischen Kriegsführung«, der systematischen Terrorangriffe gegen die Zivilbevölkerung – und am Ende stand Hiroshima!

In den folgenden zehn Tagen waren die Engländer noch viermal über Berlin. Luftwaffenverbände griffen mehrfach London an und warfen bis Ende August in Nachteinsätzen 114 Tonnen Sprengbomben und 257 Brandkanister auf Liverpool und Birkenhead. Der Druck auf die Plätze des Fighter Command, der das Abwchrsystem ernsthaft gefährdet hatte, ließ nun nach. Zwar mußte nun die Zivilbevölkerung mehr leiden, aber es war *der* Wendepunkt in der Schlacht. Die Siegeschancen der Briten wuchsen.

Die Schlacht um England wurde zusehends härter. Sie konzentrierte sich nunmehr im Kommandobereich von Parks 11. Gruppe. Ziele bildeten die RAF-Flugplätze um

London: Kenley, Redhill, Biggin Hill, West Malling, Detling und Gravesend im Südosten; Hornchurch, Rochford, North Weald und Debden im Nordosten. Bisher griffen die Kampfgruppen mit 15 bis 20 Maschinen an. Nun flogen Jagdgeschwader mit. In der alten Taktik: hoch über den Bombern auf 6100 bis 7620 Meter, während diese auf 4000 flogen.

Für die RAF-Neulinge wurden Kämpfe in großen Höhen riskant. In den kalten Luftschichten »rutschte« die Spitfire, weil die Propeller aussetzten. Sie stieg auch schlecht. Fazit: Viele englische Nachwuchspiloten wurden abgeschossen.

Auch die Deutschen hatten mit dem Augustwetter Ärger. Unter der Wolkendecke wurden die Verbände schnell entdeckt, darüber aber patrouillierten die RAF-Jäger. In den Wolken fehlte der Sichtkontakt für die Navigation nach dem Koppelkurs und für den Bombenwurf.

Es gab Streit zwischen Park und seinem ärgsten Kritiker Leigh-Mallory, der die 12. Gruppe führte. Diesmal war der Platz in Debden, Essex, gebombt worden, Mallory hatte seine Jäger zu spät losgeschickt: der Platz gehörte zu Parks Bereich.

Die Deutschen verstärkten nun auch ihre Nachteinsätze gegen England. Darauf war Dowding jedoch schlecht vorbereitet.

Im Juni kamen die Briten erstmals hinter das Geheimnis der deutschen Präzisionsangriffe bei Nacht. Ein RAF-Avro-»Anson«-Aufklärungsflugzeug mit Spezialausrüstung entdeckte einen geheimnisvollen Leitstrahl, nur 420 Meter breit, mit allen Charakteristiken des Lorenz-Strahls, der im Blindlandesystem verwendet wurde. Daraus schlossen die Experten, daß die Bomber mit diesem System ins Ziel dirigiert würden. In abgeschossenen Maschinen fanden sich entsprechende Ausrüstungen, Codename: »Knickebein«, von den Engländern »Kopfschmerzen« genannt. Sie unternahmen einiges dagegen: Abhörfachleute erklommen die Radarmasten; die RAF-Spezialgruppe Nummer 80 befaßte sich mit dem Problem; alte Lorenz-Systeme und Elektro-

Diathermie-Anlagen aus Krankenhäusern wurden für Störzwecke zu Sendern umgebaut. Schon im September funkten diese »Aspirins« des Nachts Morsezeichen und irritierten die deutschen Bombercrews.

Die meisten Nachtangreifer schickte Sperrle von der Luftflotte 3. Am 28. August bombten sie Liverpool. Auch in den nächsten vier Nächten. Fünf Nachtjäger-Staffeln in Blenheim-Maschinen mit Radarausrüstung flogen Patrouille. Nichts. Nur eine Blenheim-Besatzung von der 600. Staffel ortete einen Feindbomber, doch er entkam.

Erfolgreicher war die britische Stör-Aktion. Einige Bomber flogen im Kreis, einer ging nahe Bridport herunter. Die Mannschaft hatte den Störstrahl für den eigenen Führungsstrahl gehalten. Trotzdem wurde Liverpool arg zugerichtet, und 470 Bewohner starben, als 150 Bomber angriffen.

Seit dem 17. August verfügte Sperrle über eine Spezialeinheit: die Kampfgruppe 100 mit He-111-Bombern. Diese waren mit dem X-Gerät ausgestattet, das den Knickebein-Strahl weit übertraf. Die X-Geräte-Flugzeuge besaßen eine Empfangsausrüstung für die Leitstrahlen und eine Uhrwerkeinrichtung, die mit dem Bomben-Auslöseschalter verbunden war. Es gab also einen Führungsstrahl und eine Serie von drei kreuzenden Strahlen. Davon meldete der erste die Zielannäherung, der zweite diente zur Zeiteinstellung des Bombenabwurfs, der dritte zum Schalten der Zeituhr: Ein Zeiger blieb nun stehen, der zweite lief weiter und löste die Bomben aus.

Die Genauigkeit des X-Gerätes lag bei 100 Meter. Die routinierten Männer der K.Gr. 100 führten als »Pfadfinder« lange Bomberströme nach England, auch tagsüber bei bedecktem Himmel.

Am 29. August besseres Wetter. Nachmittags griffen

Zum Bild auf den beiden folgenden Seiten: Reichsmarschall Göring nimmt den Bericht einer vom Großangriff auf London zurückgekehrten Besatzung entgegen.

kleine He 111- und Do 17-Verbände zwischen Beachy Head und Hastings an. Begleitschutz flogen über 500 Me 109: vom JG 3 (»Udet«), 26 (»Schlageter«), 51 (»Mölders«), 54 (»Grünherz«). Dahinter folgten Me 110 vom ZG 26 und ZG 76. Die RAF schickte 13 Staffeln in den Kampf. Als sie eingeschlossen wurden, erhielten sie den Befehl zur Rückkehr. Park wollte seine Jäger schonen.

Die deutschen Piloten berichteten von der neuen Taktik der Briten. Der Jagdführer Osterkamp, betroffen von den eigenen Verlusten und im Gegensatz zu Göring überzeugt, daß die RAF keineswegs erschöpft war, schrieb einen kritischen Bericht über die Luftschlacht. Den schickte er an Milch. Der schwirrte seit dem 20. August mit einem Fieseler-»Storch« oder im Mercedes auf den Einsatzplätzen herum. Jede Kleinigkeit schrieb er in einem grünen, vier Jahre alten Tagebuch auf - auch die Moral der Truppe! Die Auskunftsbereitschaft des Personals erkaufte er durch Brasilzigarren und Orden. Besonders schnüffelte er nach Fehlern der Ju 88; dem Lieblingsprojekt von Udet und Jeschonnek. Mit seinem Bericht wollte er beide Rivalen abschießen. Die Ju 88 vom »Adlergeschwader« waren am 15. August von Dänemark herübergeflogen und hatte hohe Verluste erlitten. Milch notierte eifrig die Gründe dafür, die ihm die Besatzungen nannten: Taktik, Ausrüstung, Bombenzielgeräte, Bewaffnung - alles schlecht!

Leutnant Werner Baumbach: »Milch schien für unsere Meinung dankbar zu sein und sagte, er würde sofort nach Abhilfe suchen . . . Er sorgte für Abhilfe: Eine Gruppe, die Aufregung und Druck hervorgerufen hatte, wurde aufgeteilt als Strafe für Meuterei und Defätismus. Die Offiziere wurden versetzt und degradiert.«

Am 30. August flogen Do 17 zur Themsemündung, von Me 110 der III./ZG 76 eskortiert. Wolkendecke bei 2200 Meter.

Um Mittag hatte Park alle Jäger in der Luft. Er bat Mallory, mit seinen Maschinen die Plätze in Kenley und Biggin Hill zu schützen. Sie kamen zu spät. Biggin Hill wurde gebombt. Wieder Verärgerung zwischen beiden Befehlshabern.

Kurz darauf folgte der zweite Einflug. Attacken gegen die Jägerplätze in Kenley, Biggin Hill, Tangmere und Shoreham. Die Hauptleitungen der Elektrizitätsversorgung fielen aus. Sieben Radarstationen waren blind.

Nun kam die dritte Welle. Wieder Angriffe auf die RAF-Rollfelder. Im Tiefflug verwüsteten zehn Maschinen Biggin Hill und töteten 39 Menschen.

31. August 1940. An diesem Tag wurden zum Schutz von 150 Bombern 1300 Jagdeinsätze geflogen. Die Briten brachten es auf 978. Noch vor dem Frühstück wurden drei Hurricanes abgeschossen. Beim Angriff auf North Weald fegten Me 109-Maschinen bereits über Colchester vier Hurricanes der 56. Staffel vom Himmel.

Vormittags war Debden an der Reihe. Eastchurch und Detling wurden mit MG- und Kanonenfeuer belegt.

Mittags wurde die Staffel in Croydon alarmiert. Peter Townsend, Führer der Fünfundachtzigsten, raste über die Piste. Abrupt setzte der Motor aus – sprang dann aber wieder an. Townsend: »Als ich mich im Cockpit umsah, entdeckte ich den Rest der Staffel aus einer gewaltigen Wolke von Rauch und Trümmern aufsteigen.« Die Druckwelle der Bombenexplosionen hatte den Motor abgewürgt. Aber die Hurricanes kamen noch weg. Hinter der Rauchwand strichen die Dorniers im Tiefflug ab.

Als Townsend steil nach oben zog, sah er die Qualmsäulen über Biggin Hill. Tags zuvor drei Angriffe, und nun wuchteten acht Do 17 ihre 500-Kilo-Bomben hinunter. Treffer in Hallen, Werkstätten und Unterkünfte; in die Operationszentrale und den Raum des Nachrichtenoffiziers. Fernschreib- und Telefonverbindungen zerstört. Kenley und Bromley riefen umsonst an. Ein Kurier raste los. Sein Kommentar: »Der Platz glich einem Schlachthaus.«

Während des Bombardements flogen die Spitfires der 72. und die Hurricanes der 79. Staffel gerade Sperreinsätze. Und nun fiel ihr Platz Biggin Hill in Trümmer.

Aus den brennenden Behältern eines englischen Tanklagers steigen schwarze Wolken kilometerhoch in den Himmel.

Townsend und seine Jäger trafen in 2800 Meter Höhe über Turnbridge Wells auf die Zerstörer der Erprobungsgruppe 210. Eine Me 110 wurde abgeschossen, zwei andere bekamen Treffer ab. Dann war Townsend dran. Projektile zertrümmerten die Windschutzscheibe, hackten in den

Tank, und ein Splitter verletzte Townsend am Fuß. Der Offizier sprang ab. Ende September war er wieder bei der Truppe – ein Zeh fehlte.

Über Biggin Hill griff die 253. Staffel an, als die Bomber abflogen. Der Squadron-Leader Gleave erhielt einen Treffer in seine Hurricane. Flammen überall. Dann schleuderte ihn eine Explosion aus dem Cockpit. Gleave kam mit dem Schirm herunter.

Die Dorniers vom KG 2 (»Holzhammer«) fliegen Hornchurch an. Angriffshöhe 4600 Meter. Ein Hitzeschleier deckt den Anflug. Motorengedröhn. Alarm. In Hornchurch liegen vier Jägerstaffeln. Aber drei sind unterwegs. Nur die vierte, die 54., ist am Boden. Irgendwo ist eine Panne im Meldesystem. Denn die Dorniers sind plötzlich da. Und bomben.

»Starten! Sofort starten!« befiehlt der Jägerleitoffizier, brüllt der Lautsprecher.

Die Piloten flitzen los. Erklimmen die Cockpits. Starten, Vollgas . . . ab. Wie ein Schwarm aufgescheuchter Vögel streichen acht Spitfires über die Piste und bohren sich in den Horizont . . .

Drei Maschinen kommen nicht weg. Es ist die Kette von Flight Lieutenant Al Deere. Endlich. Die Motoren spukken, werden »runder« und heulen auf. Gas hinein und ab. Die Maschinen rumpeln los, hopsen die Piste hinunter, behindern sich gegenseitig, und Deere muß Gas wegnehmen, um eine Kollision zu vermeiden . . . Bomben! Dunkle Punkte torkeln aus dem Himmel, wachsen, blähen sich gigantisch auf, pressen förmlich die Luft zusammen und rauschen wie Wasserkaskaden . . . Wum! Wumwumwum! Mächtige Rauchpilze, Detonationen, Feuerblitze; Eruptionen werfen aus dampfenden Kratern Dreck, Splitter und Qualm quer über die Rollbahn. Riesenhämmer prägen eine lärmende Spur in die Piste. Brände lummern . . . Al Deere hebt ab. Er fliegt. Ist ein paar Meter hoch, als ihn die Druckwelle erwischt. Sie knallt die Maschine an die Erde, doch der Jäger dreht sich, macht eine halbe Rolle, und Deere rast an die hundert Meter in Rückenlage davon, aufgewirbelte Erdklumpen und Steinchen prasseln an die Scheibe und dem Piloten ins Gesicht. Plötzlich sackt die Spitfire herunter, schrammt kreischend wie eine Kreissäge mit dem Leitwerk über das Rollfeld, dreht sich noch ein paarmal und bleibt schließlich liegen. Stille. Dem Wrack fehlen Motor und eine Tragfläche. Drinnen liegt Deere im Benzindunst: benommen aber heil. Er stemmt sich durch die verzogene Cockpittür. Pilot Officer Edsell hilft ihm. Edsell hat seine Maschine mit abgeknickten Flügeln hingeschmissen und sich die Füße verstaucht. Auch der dritte Mann, Sergeant Davies, kommt unversehrt aus dem Einsitzer, der draußen auf einem Feld liegt.

Deeres Kommentar: ». . . und eine erschreckende Zeit ackerte ich durch das Feld, die Oberseite nach unten, noch immer fest im Cockpit angeschnallt. Steine und Dreck wurden in mein Gesicht geschleudert, und mein Helm wurde von dem steinigen Untergrund, gegen den mein Kopf fest gedrückt wurde, in Stücke gerissen.«

Unglaublich: Schon am nächsten Tag flogen die drei Männer wieder . . .

Die Erprobungsgruppe 210 setzte die Radarposten in Beachy Head, Whitstable, Foreness, Rye, Dunkirk und Pevensey kurzfristig außer Betrieb.

Tea-Time. Die unermüdlichen 210er kamen schon wieder. Diesmal wollten sie nach Hornchurch und Biggin Hill und flogen Begleitschutz für einen Ju 88-Verband. Biggin Hill hatte zwei Staffeln verlagert. Der Einsatzraum befand sich in einem ehemaligen Laden im Dorf. Der Kampf wurde härter. Er kostete Piloten und Maschinen. So wurden z. B. von der 85. Staffel in Croydon innerhalb zwei Wochen 14 Flieger abgeschossen; der Bestand waren 18! Dowding jedoch hatte den Vorteil, im Norden die in der Front ausgewechselten Staffeln aufzufrischen und bereitzuhalten; er nahm zwanzig in Reserve. Hinzu kam, daß Piloten, die abspringen mußten, auf Heimatboden landeten und defekte Maschinen schnell geborgen werden konnten.

Die deutschen Jagdpiloten waren schlechter dran. Kein Gedanke an Ablösung. An manchem Tag flogen sie bis zu fünfmal über den »Teich«. Das waren z. B. von Abbeville bis Dover an die 115 Kilometer. Jeder Flug schloß die Gefahr ein, daß der Treibstoff ausging.

Oberleutnant Hahn von der I./JG 3: »Nur wenige von uns mußten im Kanal nicht mit einem abgeschossenen Flugzeug oder einem stillstehenden Propeller notwassern.«

Am letzten Tag im August büßten beide Seiten 39 Flugzeuge ein. Für den ganzen Monat beliefen sich die Verlustraten bei der RAF auf 359 Jagdmaschinen, bei den Deutschen auf 653 (einschließlich Bomber). Die Zahlenangaben anderer Quellen weichen jedoch ab.

Generalmajor Theo Osterkamp führte nun als »Jagdführer 1 und 2« den Kampfeinsatz aller Jäger gegen England vom Gefechtsstand in Wissant aus (frz. Kanalküste). Die Auffassung des Generals Bruno Loerzer vom II. Fliegerkorps hatte sich demnach durchgesetzt: Die Luftwaffe kann sich eine Zersplitterung der Jagdstreitkräfte nicht leisten. Der Schwerpunkt lag in Südostengland um London. Dort aber brauchten die deutschen Kampfverbände starken Jagdschutz.

Göring traf, als Konsequenz der Besprechung vom 19. August, personelle Veränderungen. So hoffte er, die Briten doch noch besiegen zu können.

Göring löste die älteren Kommandeure ab. Die jungen Draufgänger mit imposanten Abschußzahlen sollten »leuchtendes Beispiel« sein. Dieser Kommandowechsel blieb jedoch umstritten. Die Ansicht, daß ein Geschwader mit 60 bis 80 Maschinen eher eines erfahrenen Mannes, denn eines Einzelkämpfers bedurfte, schien gerechtfertigt, obwohl die jungen Fliegerführer später innerhalb der Geschwader um Abschußzahlen wetteiferten.

Zum Bild auf den beiden folgenden Seiten: Alarm bei einem deutschen Kampfgeschwader an der Kanalküste. Im Laufschritt eilen die Besatzungen zu ihren Maschinen.

Ende August erfolgte der Führungswechsel: Major Galland übernahm das JG 26 von Oberst Handrick; Major Mölders das JG 51 von Generalmajor Osterkamp; Hauptmann Lützow das JG 3 von Oberstleutnant Vick; Hauptmann Trautloft das JG 54 von Major Mettig; Major Trübenbach das JG 52 von Oberstleutnant von Merhart. Später löste Major Schellmann im JG 2 Oberstleutnant von Bülow ab; Major von Cramon-Traubadel übergab das JG 53 an Major von Maltzahn. Obwohl beide Seiten ihre »Siege« überbewerteten, machte sich durch den anhaltenden Einsatz deutscher Maschinen gegen die RAF-Jägerplätze effektiv eine »kritische Periode« bei den Briten bemerkbar.

Am 1. September 1940 hielt Major i.G. von Falkenstein einen Lagevortrag über die Luftschlacht: »Beim Kampf um die Luftüberlegenheit verlor die RAF seit dem 8. August 1115 Jagd- und 92 Kampfflugzeuge, die deutsche Luftwaffe 252 Jagd- und 215 Kampfflugzeuge. Eine große Zahl der von uns als abgeschossen gemeldeten englischen Flugzeuge kann aber sicherlich sehr schnell wieder instand gesetzt werden.« Und weiter: »Die englische Jagdabwehr ist stark angeschlagen. Werden die deutschen Angriffe auf die englischen Jäger im Laufe des September bei günstiger Wetterlage fortgesetzt, so ist anzunehmen, daß die gegnerische Jagdabwehr so geschwächt wird, daß unsere Luftangriffe auf Produktionsstätten und Hafenanlagen noch erheblich gesteigert werden können.«

Tatsächlich fehlte nicht viel an der deutschen Luftüberlegenheit. Fast sah es so aus, als ob Göring dem »Führer« bald den Invasionsbeginn vorschlagen konnte.

Auch Milch war zufrieden. Kaum hatte er Osterkamps langen, pessimistischen Bericht über die Luftschlacht gelesen, war er dafür, daß »Onkel Theo« als Jagdführer abgesetzt werde. Man drohte ihm sogar mit Kriegsgericht.

Erhard Milch aber besuchte mit Sperrle und Udets Stabschef ungerührt das Spielkasino von Deauville, während französische Eisenbahner für ihn auch einen Sonderzug zusammenstellen mußten. Dazu wurde der Salonwagen von

Luftmarschall Hugh Dowding ging als technisch wie taktisch weitsichtiger Chef des RAF-Jägerkommandos in die Geschichte der Schlacht von England ein.

Marschall Pétain aus dem Ersten Weltkrieg herangekarrt: Badezimmer, Kordsamt, grüne Vorhänge aus Fries. Auch der Speisewagen von Präsident Lebrun, zwei weitere Waggons und Lokomotiven wurden angekoppelt.

Air Chief Marshal Dowding schrieb zur Lage: »Anfang September wurden unsere Ausfälle so groß, daß die frischen Staffeln rascher abgekämpft waren, als eine der Ruhestaffeln wieder bereit gewesen wäre, ihre Plätze einzunehmen. Es gab nicht genügend Jagdpiloten, um die Ausfälle in den kämpfenden Einheiten zu ersetzen.« Das Fighter Command wollte die Krise durch taktische Maßnahmen ausräumen: Künftig nur paarweiser Einsatz der Staffeln mit zwanzig Jägern gleichzeitig. »Ruhe«-Staffeln kamen an die Front, Marineflieger, Bomberpiloten und Leute vom Küsten-Kommando füllten die Lücken bei der Jagdwaffe auf. Dowding vollzog, was er einen »verzweifelten Notbehelf« nannte: er klassifizierte die Staffeln. A-Staffeln wurden die Jagdverbände der 11. Gruppe sowie in Duxford und Middle Wallop. Zur B-Type gehörten die meisten Staffeln von der 10. und 12. Gruppe; sie sollten stark gehalten und als Entsatz zu den A-Staffeln kommen. Die C-Staffeln waren Ausbildungseinheiten in ruhigen Landesteilen und ebenfalls zur Auffüllung der A-Gruppe vorgesehen.

Die Verluste waren zum Problem geworden. Die deutsche Admiralität hatte für die Invasion zusammengezogen: 168 Transporter (über 700000 Tonnen), 1910 Kähne, 419 Schlepper und Trawler sowie 1600 Motorschiffe. Dieses Aufgebot verteilte sich auf die Kanalhäfen.

Noch in der Bereitstellungsphase flog der »Kommandierende Admiral Frankreich« mit seinem Stab in einer Ju 52 über das Kap Gris Nez die Küste entlang. Der Pilot zog eine Schleife. Unten tuckerten die »schwimmenden Einheiten«.

Admiral Karlgeorg Schuster schaute benommen hinunter. Wie er selber sagte: »Mit Staunen und gelindem Grausen.« Sehr schlagkräftig sah diese Invasionsflotte nun auch wirklich nicht aus: Leichte und kleine Fährschiffe, Schleppzüge, Motorboote, Fischkutter, Segelyachten und Küstendampfer. Überall Schlepper mit ganzen Trauben von Flußkähnen an den Trossen. Wie auf Elbe, Oder und Rhein. Von dort kamen die »Pötte« ja auch her. Und das Heer redete schließlich von einem »großen Flußübergang«.

Den Streit zwischen den Wehrmachtteilen über den Ablauf der Landung regelte Hitler: 90 000 Mann greifen in breiter Front zwischen Folkestone und Bognor an. Sie setzen über den Kanal, stürmen die Küste und »erobern England«. So einfach war das. Die Truppen stellten die 6., 9. und 16. Armee: 13 Divisionen für den Angriff, 12 in Reserve.

Seit Wilhelm der Eroberer seine Normannen hier zum Stoß nach England versammelte, hatte es nie mehr so ein Gewimmel gegeben. Das fand auch Korvettenkapitän Heinrich Bartels, der Leitende Offizier im Absprunghafen Dünkirchen. Hier war der Wurm drin: kaputte Hafenbekken, Schleusen und Schuppen, Schiffswracks sperrten die Durchfahrt. Das waren die Auswirkungen der Stuka-Angriffe. Was die Engländer beim Abzug nicht mitnahmen, zerstörten sie ... Und da sollte eine Invasionsflotte in Bereitstellung gehen! In den französischen Häfen konnten die Deutschen nur wenige Schiffe requirieren. Die wurden früh genug fortgebracht. Deshalb ist der Vorwurf absurd, daß die Wehrmacht den Zeitpunkt verpaßt habe, weil sie nach dem Desaster von Dünkirchen nicht nach England übergesetzt hatte.

Womit denn?

Die Luftschlacht jedoch ging weiter. Am 2. September 1940 wieder Angriffe auf RAF-Plätze. Über Kent Luftkämpfe, die sich bis auf See hinzogen. Vier Me 109 gingen getroffen in die Tiefe. Auch das Flieger-As Heinz (»Pritzl«) Bär vom JG 51 aus Wissant landete im »Bach«. Ein Patrouillenboot holte ihn heraus.

Die 11. Gruppe konzentrierte nun ihre Abwehr auf die noch intakten Plätze in Tangmere und Kenley. Nach Angaben der RAF hätten die Deutschen tatsächlich die Luftherrschaft über Südostengland errungen, wenn sie den Schwerpunkt beibehalten hätten: RAF-Jägerflugplätze! Statt dessen griffen sie auch Flugzeugwerke und andere Ziele an.

Aber die Kraft der Luftwaffe ließ auch nach. Sie verlor in zwei Monaten rund 800 Maschinen. Am 1. September wurden nur 640 Feindflüge unternommen. Der Gesamtbe-

Als neuer Minister für Luftwaffenrüstung übernahm Zeitungsverleger Lord Beaverbrook im Mai 1940 einen der heikelsten Posten im Kriegskabinett Churchills. Mit unorthodoxen Methoden trieb er die Flugzeugproduktion in die Höhe. Eine böse Anekdote sagt ihm nach, er habe einmal verlangt, daß ein neuer Bombertyp in zwei Tagen so weit entwickelt würde, daß er gegen Berlin fliegen könne. Die Fabrik habe das auch geschafft, allerdings um den Preis, daß ihr Produktionsplan für mehrere Wochen in Unordnung gekommen und obendrein beim ersten Bombenwurf der neuen Maschine ein Mechaniker mit aus dem Schacht gefallen sei.

stand an Jagdmaschinen betrug am Pas de Calais knappe 600. Und Kesselring bestand darauf, daß jeder Angriffsverband zu 75 Prozent aus Jägern bestehen mußte.

Stand die Schlacht remis? Dowding hatte in zwei Wochen 25 Prozent seiner Piloten verloren. Und der Kommandeur des ZG 76 berichtete: »Da drüben tut sich nicht mehr allzuviel.«

Am 3. September rief Göring seine Luftflottenchefs nach Den Haag zu einer Konferenz und verlangte eine Änderung der jetzigen Taktik: Großangriff auf wichtige Ziele in London, z. B. die Docks. Hitler hatte die Bombardierung der Wohnbezirke untersagt. Doch heftige Schläge gegen die Hafeneinrichtungen mußten die RAF-Jäger zur Entscheidungsschlacht zwingen! Das war der Plan.

Uneinigkeit bestand in der Einschätzung der Feindstärke. Kesselring: »Wir haben keine Möglichkeit, die englischen Jäger am Boden zu vernichten. Wir müssen sie zwingen, sich uns mit ihren letzten Reserven an Spitfires und Hurricanes in der Luft zum Kampf zu stellen.«

Am 4. September 1940 Großeinsatz der Luftwaffe. Gemäß Befehl vom 1. September sollten dreißig Flugzeugfabriken angegriffen werden. Nun erfolgte der erste Schlag gegen die Vickers-Armstrong-Werke in Brookland (Weybridge): 700 Tote, die Produktion des Wellington-Bombers behindert. Auch die Hawkers-Fabrik erhielt Treffer. Dort wurde die Hälfte aller Hurricanes hergestellt.

Erhard Milch traf an diesem Tag mit Hitler zusammen. Der forderte ihn auf, die Produktion von 1000-Kilo-Bomben zu steigern. Als später Milch an einer Besprechung mit Göring, Jeschonnek und den Luftflottenchefs teilnahm, war die Kernfrage: Wann greifen wir London an?

In einer öffentlichen Rede am Abend tobte Hitler: »Die Briten kommen in der Nacht und werfen ihre Bomben wahllos und planlos auf zivile Wohngebiete und Bauernhöfe und Dörfer ... Drei Monate lang habe ich darauf nicht geantwortet, in der Meinung, sie würden diesen Unfug einstellen. Herr Churchill sah darin ein Zeichen unserer Schwäche ...

Die Briten sollen wissen, daß wir ihnen unsere Antwort jetzt Nacht für Nacht geben werden ... Wenn sie erklären, sie werden unsere Städte in großem Ausmaß angreifen – wir werden wir ihre Städte ausradieren! Wir werden diesen Nachtpiraten das Handwerk legen, so wahr uns Gott helfe. Die Stunde wird kommen, da einer von uns zusammenbricht, und das wird nicht das nationalsozialistische Deutschland sein.«

Hitler hob sein Verbot von Nachtangriffen auf Ziele in England auf – ausgenommen London! Den vorläufigen Termin für die Invasion verlegte er auf den 21. September, weil die Luftherrschaft noch nicht gesichert war.

Dennis Richards schrieb: »... und ausgerechnet in dieser Lage, als die Deutschen unsere Verteidigung bis aufs Äußerste strapazierten, kam Hitler uns noch einmal zu Hilfe.«

Am späten Abend des 5. September flogen 68 Bomber vom KG 2, 3, 26 und 53 ihren ersten Angriff gegen die ausgedehnten Hafenanlagen von London. Er dauerte von 21 Uhr bis zum nächsten Morgen. Länger als sieben Stunden mußten die Londoner in ihren Schutzräumen bleiben. Über 60 Tonnen an Bomben wuchteten in die Docks. Am 6. September erfuhr das OKW, daß die durchschnittliche Stärke der RAF-Jagdstaffeln von 12 auf nur 7 oder 5 gesunken sei. Provoziert durch einen neuen Luftangriff auf Berlin, befahl Hitler nun das Bombardement von London!

Göring über den Rundfunk: »Ich habe persönlich die Führung der Luftwaffe im Kampf gegen England übernommen.« Durch Tagangriffe auf London hoffte er nun, »den kleinen Rest der britischen Jäger zerschlagen zu können«. Der Ob. d. L. reiste nach Gent ab, um später die Leitung der Einsätze zu übernehmen.

Churchill: »Fast ein Viertel der insgesamt etwa tausend ausgebildeten Piloten ging verloren.« Ein bitteres Eingeständnis.

Dokumente August/September 1940

Daß man in der Luftschlacht um England auf einen harten Gegner treffen würde, wußten die deutschen Piloten längst, aber auch der Heimat sollte es nicht lange verborgen bleiben. Der Spitzelbericht (Dokument Nr. 8) sagt das deutlich, und auch in Minister Goebbels' Presseanweisungen (Nr. 7 und 11) klingt es an. Bezeichnend hierin wie auch in Hitlers Sportpalastrede (Nr. 9) der Verweis auf die Zukunft: Wartet nur ab, es wird schon noch kommen – immer erstes Anzeichen dafür, daß es offenbar nicht nach Plan läuft. Später, bei Behandlung der Ereignisse im Rußlandfeldzug, sollte dies Verfahren im großen Maßstab angewendet werden.

Tröstung auch in Churchills Rundfunkansprache vom 11. September 1940 (Nr. 10), aber nicht Ver-Tröstung. Sein Land litt seit vier Tagen unter dem deutschen Bombenhagel und ihm standen weitere schwere Prüfungen bevor – wenn auch nicht die allgemein befürchtete deutsche Invasion. Aber Churchills Tröstungen waren ehrlicher, denn im Gegensatz zu deutschen Verlautbarungen stimmmten bei ihm nicht nur die Angaben über die Größe der Gefahren, die das Land bedrohten, sondern auch diejenigen über die Kräfte, die dieses zum Kampf aufzubieten hatte.

Nervenkrieg

Dokument Nr. 7: Goebbels' Presseanweisungen, August 1940

Für die Nachrichtengebung der Abteilung Auslandspresse gibt der Minister die Anweisung, daß augenblicklich alle Meldungen weiterverbreitet und unterstützt, zum Teil auch durch unsichtbare Kanäle von uns lanciert werden sollten, die Furcht vor dem Schrecken und der Furchtbarkeit des deutschen Angriffs nach England tragen. Dieser Teil des Nervenkrieges dürfte in seiner Wichtigkeit nicht unterschätzt werden.

*

Der Minister stellt fest, daß die militärischen Ereignisse in England sowohl in unserer inländischen als auch in unserer ausländischen Nachrichtengebung sehr gut behandelt worden sind und daß auch die in der Presse erschienenen zusammenfassenden Artikel richtig an die Dinge herangegangen sind. Es komme jetzt darauf an, die in England zweifellos allmählich anwachsende Panikstimmung nach Möglichkeit zu verstärken. Insbesondere hätten Geheimsender und Sprachendienst jetzt die Aufgabe, dem Teil der Bevölkerung Englands, der noch nicht Augenzeuge der furchtbaren Wirkung unserer Luftangriffe gewesen sei, ein Bild von der Größe und Wucht unseres Angriffes zu geben. Der Minister betonte dabei nochmals den Wert der amerikanischen Stimmen; aus den Berichten der Londoner Korrespondenten dieser Blätter sei ein beginnender Umschwung der Stimmung in England schon zweifelsfrei erkennbar. Immer müsse von uns betont werden, daß auch die jetzigen Angriffe nur einen Vorgeschmack von dem gäben, was noch kommen werde. Im übrigen soll auch darauf hingewiesen werden, daß Nebel und Dunst keineswegs als Bundesgenossen der Engländer zu betrachten seien. Die Geheimsender sollen vor allem Zeugen aufmarschieren lassen, die schauerliche Berichte über die Zerstörungen geben müssen, die sie mit eigenen Augen gesehen haben. Die letzten Möglichkeiten der Panikmache sollen aber noch nicht ausgeschöpft werden.

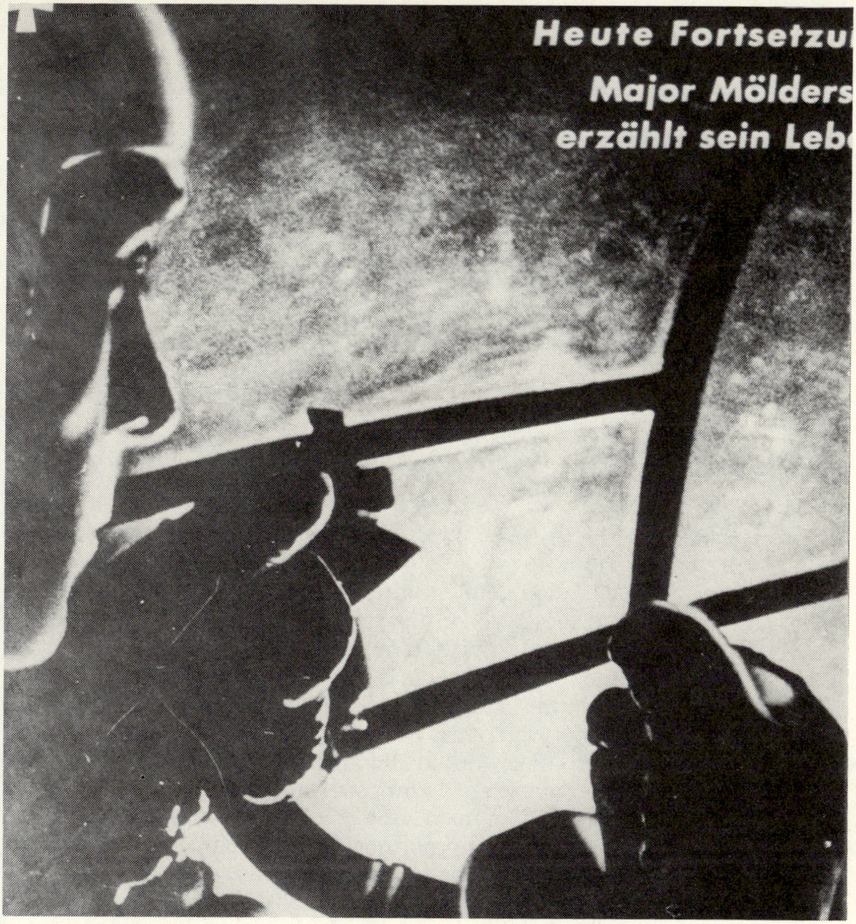

Auf der Titelseite der Luftwaffenillustrierten »Der Adler« von 1940: ein deutscher Bomberpilot im Scheinwerferlicht der Londoner Flak.

Der Minister weist im einzelnen nach, wie die englische Propaganda die durch das Wetter bedingte Ruhepause dazu ausnutzt, um ganz systematisch überall in der Welt zu verbreiten, die englischen Chancen seien gestiegen und der Blitzkrieg erledigt. Gegen dieses krampfhafte Bemühen, Optimismus vorzutäuschen, sollen Presse und vor allem Sprachendienst alles nur Mögliche aufbieten. Es soll dabei gezeigt werden, daß die Engländer diese Taktik schon immer und zuletzt in Norwegen und Frankreich angewandt hätten, um damit jedesmal kurze Zeit darauf drastisch widerlegt zu werden. Während im Inland mit dem Wetter dabei nicht operiert werden soll, soll dem Ausland gegenüber ruhig betont werden, ein wie schwaches Argument es sei, wenn die Engländer durch ein paar Regentage ihr Weltreich gerettet sehen wollten. Im übrigen soll darauf hingewiesen werden, daß die deutsche Führung nichts unvorbereitet und nichts improvisiert macht, sondern warten kann. Wenn die Stunde gekommen sei, werde das Schicksal schon über Großbritannien hereinbrechen.

Die Engländer sind wohl doch besser

Dokument Nr. 8: SD-Bericht, 26. 8. 1940

Angesichts der zunehmenden Verluste der deutschen Flugzeuge beschäftigt sich die Bevölkerung in steigendem Maße mit dem Kräfteverhältnis der Luftwaffen beider Länder. Man gesteht zu, daß die Engländer doch besser und hartnäckiger sein müssen, wie man es bisher immer annahm und herausstellte. Die Einflüge englischer Bomber weit in das deutsche Hinterland und ihre Flüge sogar bis Oberitalien wurden überall mit großem Erstaunen zur Kenntnis genommen. Man beginnt sich auch zu fragen, wie viele Flugzeuge die Engländer noch auf Lager haben, wenn sie nach so empfindlichen Verlusten immer noch leistungsfähig sind. Auch wundert man sich über die vielen Piloten, die ihnen zur Verfügung stehen. Demgegenüber beachtet man bei den deutschen Verlusten weniger den Verlust des Materials als den der Besatzungen.

Englands Verbündeter, der General »Bluff«

Dokument Nr. 9: Adolf Hitler im Berliner Sportpalast, 4. 9. 1940

Als man in England vor einem Jahr in den Krieg eintrat, sagte man: »Wir haben einen Verbündeten.« Wir waren neugierig, wer das wohl sei. Sie sagten: »Das ist ein General, dieser Verbündete, er heißt General Revolution!« Haha! Die haben eine Ahnung vom neuen nationalsozialistischen deutschen Volksstaat! Und nun warten sie in London auf die Tätigkeit dieses Generals Revolution.

Dann hieß es: »Wir haben einen anderen verbündeten General, es ist dies der General Hunger.« Wir haben von vornherein damit gerechnet, daß diese großen Menschenfreunde wie im Weltkrieg versuchen würden, Millionen Frauen und Kinder auszuhungern und haben uns darauf vorbereitet. Auch dieser General war nur eine Fehlspekulation, eine Erscheinung, ein Irrlicht im Gehirn des Mister Churchill.

Jetzt ist man einem dritten Verbündeten auf die Spur gekommen. Es ist der General Winter. Er ist schon einmal dagewesen. Er hat damals versagt, und wird und würde auch diesmal genauso versagen.

Die Engländer sollten, wenn sie schon wirklich so obskure fremde Generale nehmen, nicht vergessen, ihren bedeutendsten eigenen General vielleicht zum britischen Reichsgeneralfeldmarschall zu erheben: nämlich den General Bluff. Das ist ihr einziger Verbündeter, der es verdienen würde, daß sie ihm tatsächlich die höchste Beförderung zuteil werden lassen. Uns allerdings schlägt man mit diesem General nicht mehr. Mit ihm kann man das britische Volk vielleicht dumm machen, aber das deutsche Volk hat England genügend kennengelernt.

Diese Schwätzereien des Mister Churchill oder des Mr. Eden – vom alten Chamberlain zu reden, verbietet einem die Pietät – diese Schwätzereien lassen das deutsche Volk ganz kalt oder bewegen es höchstens zum Lachen. Es gibt in unserer hochdeutschen Sprache für eine Erscheinung wie Duff Cooper kein passendes Wort. Da muß man schon zur Mundart greifen, und hier ist nur im Bayerischen ein Wort geprägt, das so einen Mann charakterisiert: Krampfhenne! Die Herren können sich beruhigen, mit diesen Mitteln werden sie den Krieg nicht gewinnen.

Wenn die Stunde geschlagen hat, dann werden wir an die Stelle der Generale Hunger, Revolution, Winter oder Bluff wieder den General der Tat setzen.

Zum Bild auf den beiden folgenden Seiten: Nach der Rückkehr vom Angriff über Südostengland läßt sich der Staffelkapitän von den verschiedenen Besatzungen über die Ausführung der Aufträge berichten

Der Angriff steht bevor

Dokument Nr. 10: Rundfunkansprache Winston Churchills, 11. 9. 1940

Niemand darf die Augen davor verschließen, daß die Deutschen mit ihrer ganzen üblichen Gründlichkeit und Methodik einen schweren, großangelegten Angriff auf unsere Insel vorbereiten, und daß sie ihn jeden Augenblick entfesseln können - gegen England, gegen Schottland oder gegen Irland oder gegen alle drei.

Wenn der Feind diese Invasion überhaupt wagen will, dann darf er sie wohl kaum mehr lange verzögern. Das Wetter kann jeden Moment umschlagen. Zudem fällt es dem Feind schwer, diese Ansammlung von Schiffen unbegrenzt warten zu lassen, während sie Nacht für Nacht von unseren Bombern bombardiert und sehr oft von unseren Kriegsschiffen beschossen werden, die draußen auf sie harren.

Darum müssen wir etwa die nächste Woche für einen höchst wichtigen Zeitpunkt in unserer Geschichte ansehen; sie kommt jenen Tagen gleich, als die spanische Armada sich dem Kanal näherte und Drake sein Ballspiel beendete; oder als Nelson zwischen uns und Napoleons Grande Armée in Boulogne stand. In den Geschichtsbüchern haben wir darüber vieles gelesen; was aber jetzt geschieht, spielt sich in weit größerem Maßstab ab und ist von weit größerer Bedeutung für das Dasein und die Zukunft der Welt und ihrer Kultur als jene tapfern alten Tage.

»Wir greifen lediglich militärische Ziele an«

Dokument Nr. 11: Goebbels' Presseanweisungen, September 1940

Der Minister gibt Richtlinien über die pressemäßige Behandlung des Großangriffs gegen London, der noch einige Tage weitergehen wird.

Es soll streng darauf geachtet werden, daß immer die Behauptung aufrechterhalten wird, unsere Angriffe gälten lediglich militärischen Anlagen. Sollten auch zivile Ziele getroffen werden, so

In der Nacht vom 25./26. August 1940 fielen zum ersten Mal Bomben auf Berlin. Als die »Tommies« in den folgenden Nächten wiederkamen, befahl Hitler die »Vergeltungsoffensive« gegen London. So zeigte damals eine deutsche Illustrierte die englischen »Terrorflieger« über der Reichshauptstadt.

liegt das daran, daß viele militärische Ziele mitten in die Stadt London hineingebaut sind.

Wenn auch gerade jetzt auf erhöhte Schnelligkeit Wert gelegt werden muß, so dürfen dabei die psychologischen Gesichtspunkte nicht vernachlässigt werden. Es ist falsch, im voraus von schweren Opfern zu sprechen, die unsere Angriffe kosten würden; es kann nur entweder von sehr geringen Opfern oder mit klaren Zahlenangaben geredet werden. Ebenso ist es unmöglich, wenn auch nur die Möglichkeit offen gelassen wird, daß deutsche Flieger ihre Bomben nicht auf militärische Ziele abgeworfen hätten. Der Minister weist darauf hin, würde auch nur ein kleiner Teil von uns zugegeben, im Ausland bestimmt viel weitergehende Folgerungen aus einem derartigen Eingeständnis gezogen werden würden.

*

Es ist mit der Möglichkeit zu rechnen, daß infolge schlechten Wetters unsere Angriffe auf London zeitweilig an Kraft nachlassen. An unserer grundsätzlichen Entschlossenheit zur Vernichtung Londons für den Fall, daß die Engländer nicht rechtzeitig nachgeben, wird dadurch nichts geändert. Unsere Berichterstattung soll daher im Ton auch stark bleiben, wenn einmal vorübergehend neueste Meldungen nicht vorliegen. Sie soll sich nur vor allzu prononcierten Definitionen (etwa: »London in Flammen«) hüten. Grundsätzlich muß nach wie vor zum Ausdruck kommen, daß wir lediglich militärische Ziele angreifen.

Zielwechsel. Bomben auf britische Städte

Am 7. September 1940 befahl die Luftwaffenführung den Angriff auf London, »das größte Ziel der Welt«. Churchill bezeichnete diesen »Zielwechsel« als den Kardinalfehler der Deutschen, denn nun bekam die RAF-Jagdwaffe wieder eine Erholungspause.

Nachmittags stand Göring mit Loerzer und Kesselring auf den Klippen von Cap Blanc Nez. Über ihnen brausten die Verbände des I. und II. Fliegerkorps: 625 Kampfflugzeuge, eskortiert von 648 Jägern und Zerstörern, die höhengestaffelt auf 4500 und 6500 Meter flogen. Auftrag: Pausenloser Angriff auf London bis zum Morgen.

Zu diesem Großkampftag wurden sogar das »Löwen«-Geschwader (KG 26) und »Adler«-Geschwader (KG 30) aus Skandinavien herangeholt, die jedoch (Papierstärke 240) nur vierzig Maschinen beisteuern konnten. Trotzdem zog eine gewaltige Formation über den Kanal: fast drei Kilometer hochgestaffelt, über tausend Maschinen.

Weder Dowding noch Park wußten vom Zielwechsel. Sie rechneten mit Angriffen wie bisher: gegen die Jägerplätze. Das Beobachterkorps meldete Einflüge bei Deal, an der Küste in Richtung Kent. Park vermutete Bombardements auf die Plätze südlich von London und hielt deshalb seine Staffeln nördlich der Themse zurück. Dann griffen sie an. Schlugen hart zu. Doch die Me 109 waren über, unter, neben und zwischen den Bombern. Ein britischer Pilot: »Es ist, als schaut man die Rolltreppe am Piccadilly Circus hinauf.«

In Höhen zwischen 4000 bis 10000 Meter tobten Luftkämpfe. Kondensstreifen zerschnitten den Himmel. Motorengedröhn und Waffenlärm. Flakwolken überall. Detonationen. Brände.

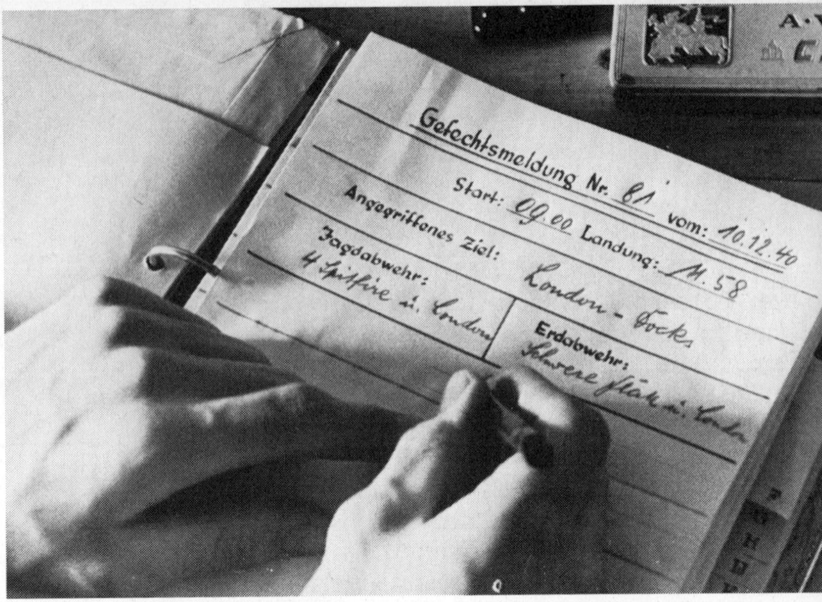

»Schwere Flak über London«: Ein deutscher Jabo-Pilot füllt seine Gefechtsmeldung aus.

Oberst Fink mit dem KG 2 bildete die Vorhut. Seine Jäger machten kehrt: Benzinmangel. Die Do 17 bombten ungeschützt in Ost-London. Andere Bomberwellen folgten und wuchteten ihre neuen 1600-Kilo-Bomben in die Docks und Fabriken an der Themse. Erst jetzt begriffen die RAF-Leiter, daß London das Ziel war. Sofort wurden die Jäger hindirigiert.

Aber die Angreifer brachen durch. London wurde schwer mitgenommen. Woolwich war in Rauch und Flammen gehüllt, in West Ham brannten die Docks. Der erste »Vergeltungsschlag« traf voll. Die Passion der Zivilisten im Zweiten Weltkrieg begann . . .

Als die Dunkelheit hereinbricht, wird das Ausmaß der Angriffe sichtbar: Feuersäulen, Explosionsblitze, die verglühten Reste vor dem gleißenden Hintergrund. Schwarzverrußte Häuserruinen. Blakende Feuer. Schwelrauch. Der

Wind facht neue Brände an und weht Funkenschleier fort. Verschmortes Gebälk bricht, stürzt, kracht dumpf in die Lohe und läßt Flammen emporschießen. Der Himmel glänzt kupfern, seine mächtige, lärmende Glocke schwingt über der Stadt. Flak-Abschüsse rumoren in die lichterzuckende Dunkelheit. Das Stakkato der leichten Geschütze bellt dazwischen. Scheinwerferfinger tasten den Himmel ab, beleuchten die Sprengwolken und nageln einzelne Feindflugzeuge fest. Die Rümpfe gleißen. Sie bewegen sich wie Fischleiber in der dunklen See. Jägergekreische dringt herab. Plötzlich trifft die Abwehr. Ein Feuerball fällt durch die Finsternis zur Erde. Brennende Flugzeugfetzen lummern als riesige Nachtfalter im Raum. Noch ein Bomber kippt. Der Blenheim-Nachtjäger bricht die Verfolgung ab und schraubt sich röhrend ins Nichts. Der Himmel tobt. Er brüllt . . .

Thames Haven ist ein einziges Inferno. Entlang der Themse mischt sich das »Prasseln der brennenden Speicher mit dem grauen Staub ärmlicher Wohnviertel«. So heißt es in einem Bericht. Tote. Verletzte. Verzweifelte Frauen schreien nach ihren Kindern. Wühlen in Trümmern. Stolpern in verwüstete Räume. Weinen. Klagen. Fluchen. Rufen um Hilfe . . . Bombendetonationen sind viel lauter als die Verzweiflungsschreie gequälter Mütter: Wum . . . wumwumwum . . .! Und wieder Tote, Verletzte, Verschüttete. Das Grauen geht um. Und der Tod. Hundertfach . . .

Die Brände wiesen den nachfolgenden Bombern den Weg. Das war der Auftakt zur Schlacht um London.

Bei diesem Einsatz wurden allein über hundert 1600-Kilo-Bomben geworfen. Göring hoffte, den RAF-Jägerbestand von 350 Maschinen schnell vernichtet zu haben. Dowding konnte jedoch noch 650 aufbieten. Und die Luft-

Zum Bild auf den beiden folgenden Seiten: 7. September 1940: Auf einem Gefechtsstand am Kap Gris-Nez bei Calais beobachtet Göring mit den Offizieren seines Stabes den ersten Großangriff auf London mit rund 300 Bombern und 600 Jägern.

schlacht zog sich, allmählich an Kraft verlierend, bis Mitte 1941 hin ...

Noch etwas passierte an diesem 7. September: Vier deutsche Soldaten landeten in einem Ruderboot. Und sie berichteten von Truppenbewegungen. Das alles paßte zusammen: In Ostende waren bis dahin 18 Lastkähne gezählt worden - jetzt 205. V-Leute meldeten in Dünkirchen einen Zugang von 34 und in Calais von 53 Transporteinheiten. Die Vorbereitungen für die Invasion schienen abgeschlossen. Das Hauptquartier der Home Forces löste Alarm Nummer 1 aus, Kennwort: »Cromwell – Invasion imminent« (Invasion steht dicht bevor).

Örtliche Befehlshaber ließen die Kirchenglocken läuten, um die Einheiten der Home Guard (Heimwehr) flott zu mobilisieren. Aber sie übersahen dabei: Das war das Signal dafür, daß feindliche Fallschirmjäger in der Nachbarschaft gelandet waren! Die Lage wurde konfus. Panikstimmung. Während die Londoner Surrey Docks und große Stapel Nutzholz verbrannten, Lagerhäuser mit Farbe und Rum verschmorten, beizte an anderer Stelle glühender Pfefferstaub die Augen der vielen Helfer. Ein Feuerwehroffizier forderte: »Schickt uns alle Pumpen, die ihr kriegen könnt. Die ganze verdammte Welt steht in Flammen.« Die ganze Nacht hindurch standen Männer und Frauen mit schußbereiten Waffen auf Landzungen, Kalkfelsen und Klippen und erwarteten die Invasoren. Über die Home Guard-Leute hinweg zogen deutsche Bomber in »einer langsamen und nervtötenden Prozession zur Hauptstadt hin«.

Später stammelten die Kommandeure Entschuldigungen wegen der »Panikmache«. Sie rügten die Truppe, weil sie »die Warnung zu ernst« genommen hatte. Wegen des Glockengeläutes ernteten die Heimwehrführer viel Spott. Doch es wurde von offizieller Seite eingeräumt, daß »Alarmstufe 1« angebracht gewesen war, denn: In Südostengland bestand durchaus die Gefahr einer Invasion.

Hitler aber dachte anders. Die Ergebnisse der Luftschlacht waren ihm zu ungewiß. Er wollte eine endgültige

Entscheidung erst am 14. September, zehn Tage vor dem geplanten Termin, treffen.

Doch die Bombardements beeinflußten den Kriegsverlauf nur wenig. Alle Schäden reichten nicht aus, die erhoffte Kapitulation herbeizuführen. Die Londoner gewöhnten sich daran, die Nächte im Luftschutzbunker zu verbringen.

8. September 1940. Sonntag. Deutsche Jagdbomber flogen Einsätze im Großraum London. Dann ein Freudentaumel, als vier 3,7-Zoll-Geschütze die drei Führungsmaschinen eines Do-17-Verbandes vom Himmel holten. Aber des Nachts kamen andere Bomber und demolierten East End: Docks, Bahnhof und Straßen. Die Menschen drängten sich in den U-Bahn-Schächten. Für den Luftschutz- und Bergungsdienst wurde es immer schwieriger zu helfen: Überall unkontrollierte Brände, stürzendes Mauerwerk, Trümmerfelder, geborstene Gas- und Wasserleitungen, Geröllberge und ... Leichen. Die Luftwaffe griff am 9., 11., 12. und 13. September bei Tag und Nacht an.

Park schaffte es, die Tagangriffe aufzusplittern. Oft war er mit seiner Hurricane OK 1 (Codename) über der brennenden Stadt. Er plazierte seine Staffeln weit vorne, um die gegabelten Einflüge – von Dover und Beachy Head – auf London abfangen zu können. Immerhin brauchte z. B. eine Spitfire zwanzig Minuten, um auf eine Angriffshöhe von 7620 Meter zu klettern – da hatten die Bomber 130 Kilometer geschafft.

Am neunten klappte das Abfangen. Die Bomber wichen auf Canterbury aus. Einige warfen ihre Bomben ungezielt auf London und die Umgebung.

Nachts gab nur die Flak einen relativen Schutz. So wurden nacheinander auch Downing Street, Trafalgar Square und selbst der Buckingham-Palast getroffen.

Und die Invasion? Mondphase, Tide und die allgemeinen Wetterbedingungen waren günstig. Ging es jetzt endlich los?

Noch am 10. September 1940 bullerten 60 Schlepper mit 180 Prähmen und 120 Motorboote in den Hafen von Dün-

A

kirchen. Es waren die Transportmittel für die 17. und 35. Division. Damit sollten die Sturmtruppen zur Stunde X übersetzen.

Korvettenkapitän Bartels wußte nicht, wo er die »Transporter« noch unterbringen sollte. Zudem mußte auch geübt werden: Be- und Entladen, die Handhabung von Gespannen und Fahrzeugen, Sturmangriffe. Je nach Größe, faßte ein Prahm 30 bis 70 Soldaten. Oder eine Zahl Kraftwagen. Oder Pferde. Die erste Welle bestand zum Teil aus bespannten Einheiten (!).

Bartels war hart. Er ließ eifrig trainieren. Mehrmals täglich ratterte ein Lautsprecherwagen durch die Straßen und spielte das »England-Lied«: das Signal für die Lande-Übung. So bereitete sich der Absprunghafen Dünkirchen auf die Invasion vor.

Großadmiral Raeder fragte Bartels nach einer Besichtigungstour: »Was meinen Sie, schaffen wir es hinüber nach England? Sind Sie Optimist?«

Bartels: »Ohne Optimismus geht's gar nicht, Herr Großadmiral.«

In Ostende wartete der Chef der Kriegsmarine-Dienststelle (KMD), Korvettenkapitän Erich Lehmann, auf den D-Tag. Dann mußte er ein Geleit aus 50 Schiffen und Booten sowie 25 Schleppzüge auf die gefährliche Reise schicken.

Für Calais war Kapitän zur See Gustav Kleikamp zuständig. Ihm oblag die Aufgabe, mit der 16,5 Kilometer langen »Transportflotte C« gegen England in See zu stechen.

In Boulogne befehligte Kapitän zur See Werner Lindenau über 165 Schleppzüge, 330 Prähme, 15 Minensucher und Räumboote sowie 25 Fischdampfer. Hier lag das größte Aufgebot: »Transportflotte D«. Auftrag: Auslaufen schon

Oben: September 1940, die Handschrift der Battle of Britain über London. In großer Höhe zeichnen die Spitfires und Me 109 bei Luftkämpfen ihre Kondensstreifen.
Unten: Ein Mittelstreckenbomber Dornier Do 17 »fliegender Bleistift« beim Reihenwurf über London.

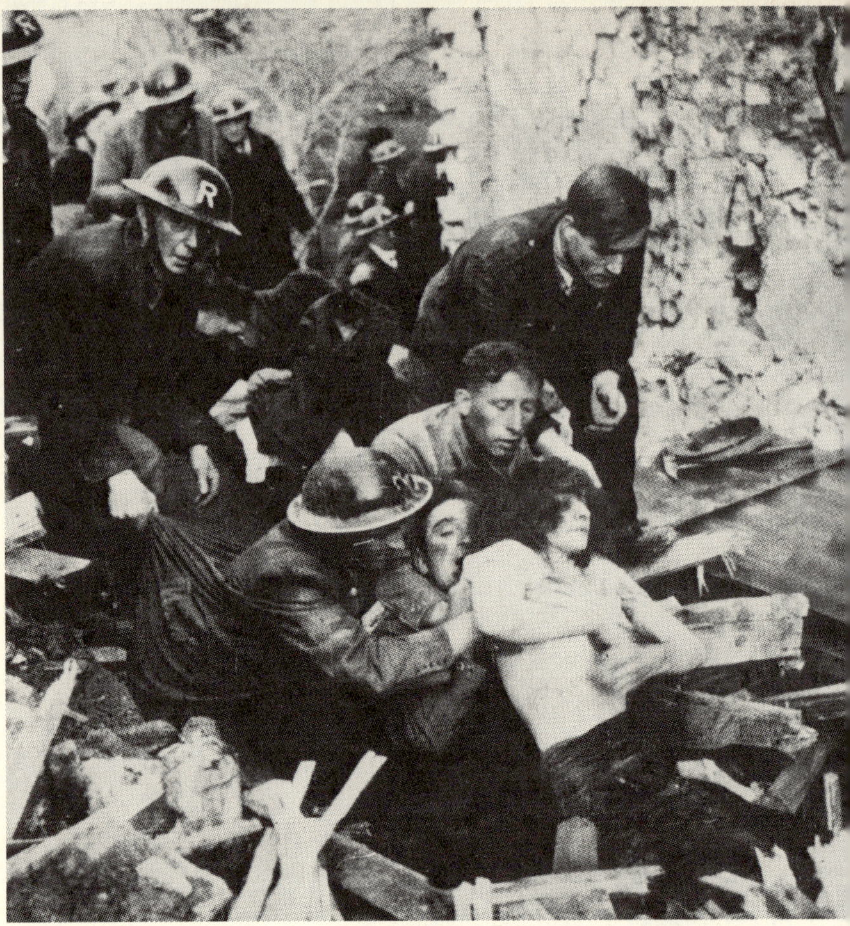

Unmittelbar nach dem Bombardement beginnt in einer Londoner Straße die Suche nach Verschütteten. An der Rettungsaktion beteiligen sich Feuerwehrleute und freiwillige Helfer.

am Nachmittag vor dem Landungstermin in breiter Front (vier Stunden Fahrt bei Tageslicht). Nachts sollten die Landungsabschnitte eingenommen werden: im Raum Beachy Head beim Seebad Eastbourne. Lindenau war skeptisch.

Nicht so sein als »Badegast« bezeichneter Begleiter auf dem Tender »Hela«, der Kommandierende General des XXXVIII. Korps: Erich von Manstein. Der geniale Stratege, dessen Plan den Sieg in Frankreich herbeigeführt hatte, war zuversichtlich.

Verständlich, denn ihm fehlte jede Erfahrung auf See.

Auch in Le Havre, Rotterdam, Antwerpen, Vlissingen und anderen Kanalhäfen lagen Landungsfahrzeuge: Insgesamt über 3000.

Aber zu diesem Zeitpunkt, als die Invasionsvorbereitungen auf Hochtouren liefen, war das Unternehmen »Seelöwe« bei Hitler bereits gestorben, auch wenn seine »Beerdigung« offiziell erst am 10. Oktober 1940 stattfand.

Der damalige Oberstleutnant i. G. Adolf Heusinger: »Hitler behielt den »›Seelöwen‹ noch eine Zeitlang in der Tasche, ohne ernstlich an ihn zu denken.«

Und die Luftschlacht?

Die Luftwaffenführung bemühte sich, Optimismus zu verbreiten. Es hieß, die RAF-Jägerkommandos wären erledigt. Doch als deutsche Flieger von einer großen Formation angegriffen wurden, meinte ein Pilot bitter: »Hier kommen sie. Die letzten fünfzig Spitfire.«

Tatsächlich verfügten die Briten am 13. September über nur 80 Hurricanes und 47 Spitfires. Ein Tiefpunkt in der Jagdabwehr.

Trotzdem wehrten sie sich verbissen. Das Bomber Command, die Marine und Fernkampfgeschütze in Dover deckten die Invasionshäfen mit Feuer ein. Schnellboote preschten durch den Kanal.

Am 12. September meldete das Marine-Oberkommando West nach Berlin: »Die durch die feindliche Luftwaffe, Fernkampfartillerie und leichte Flotteneinheiten verursachten Unterbrechungen haben jetzt zum ersten Mal entscheidende Bedeutung erlangt. Die Häfen von Ostende, Dünkirchen, Calais und Boulogne können nicht mehr als Versorgungshäfen für unsere Schiffe benutzt werden . . . Einheiten der britischen Flotte können nunmehr fast ungestört im Kanal operieren. Aufgrund dieser Schwierigkeiten ist bei Versammlung der Invasionsflotte mit weiteren Verzögerungen zu rechnen.«

Am 13. September erklärte Hitler seinen Befehlshabern den Grund für die Verschiebung der Invasion: »Die bisherigen Luftangriffe waren schon große Erfolge . . .« Er meinte, die Bombardierung Londons müßte zum Zusammenbruch Englands führen. Noch verbot er die Angriffe auf Wohnviertel: »Es ist aber unsere letzte Repressalie!«

In der ersten Septemberwoche waren in London 2000 Menschen durch Bombeneinwirkung umgekommen.

Wann kam die »letzte Repressalie«?

15. September 1940. Sonntag. Höhepunkt der Tagesschlachten. Jenes Datum, das die Engländer stets als den »Tag der Schlacht um England« (»Battle of Britain«) feiern.

Gutes Wetter. Zwischen 600 und 900 Meter Höhe leichte Kumulusbewölkung.

Göring warf ohne Rücksicht auf Verluste tausend Flugzeuge in die Schlacht. Jeder Bomber wurde von fünf Jägern begleitet. Der Verbandsflug war genau geplant, die Versammlung »unauffällig«. Aber das Radar ortete die Formationen noch über dem Kanal. Zeit genug für die Abwehrmaßnahmen. Vom »Y-Dienst« erfuhren die Engländer, daß der Angriff in zwei Wellen erfolgen würde. Vizemarschall Keith Park von der 11. Gruppe bot 24 Jagdstaffeln auf. Sie sollten die Deutschen über Kent stellen, dann landen, tanken, Munition fassen und wieder starten. Nun hing viel von der Arbeit des Bodenpersonals ab.

Das KG 3 flog mit 50 Do 17-Bombern zu den Docks in der großen Themse-Schleife in Ost-London. Weitere Geschwader schlossen auf. Hoch oben marschierte die Jäger-Eskorte. Bei Canterbury Feindberührung. Im Kopfhörer der Eigenverständigung vernahm Bordfunker Zander den Ruf: »Feindliche Jäger von vorn!« Die Warnung kam vom Kommandanten und Beobachter der Dornier, Oberleutnant Laube. Die Spitfires der 72. und 92. Staffel fegten heran. Paarweise, wie befohlen.

Sie verfolgten die Angreifer auf dem Weg zur Haupstadt und zurück. Die Londoner erlebten ein Schauspiel: 200 Spitfires und Hurricanes verteidigten die Metropole. Im Süden waren 300 in der Luft.

»Macky« Steinhoff: »Zu Demonstrationszwecken wurde alles, war wir in der Art von Bombern und Jägern hatten, in die Luft geschickt.« Kraftmeierei also!

Die Briten konterten diesen Bluff - unbeabsichtigt. Schuld daran war Leigh-Mallory. Er ignorierte seine Rolle, nämlich die von Parks Jägern entblößten Plätze zu schützen, und warf auch die Fighter seiner 12. Gruppe um London in die Schlacht. Dadurch entstand diese Massierung an RAF-Maschinen um London . . .

Ohne Überhöhung rasten die RAF-Jäger frontal in die Bomberpulks hinein. Und feuerten. Fegten mit Höllenfahrt dann dicht über oder unter den Formationen davon, sprengten sie auf. Lose Gruppen und auch einzelne Maschinen suchten den Kurs zu halten. Sie wurden laufend attakkiert. Plötzlich waren die gelbnasigen Me 109 da. Sie fielen jäh aus der Sonne. Luftkämpfe tobten, es wurde ein »wüstes Handgemenge«, ein »verrücktes Flugzeuggewühl«. Brennende Trümmer fielen von Stanmore bis zur Küste aus dem Himmel. Abstürze, Bruch- und Notlandungen in Kent, bei Dover und an den Stränden. Und Abschüsse über dem Kanal.

Zweimal krachte es fürchterlich. Feuerblitze loderten, als Jäger mit Bombern kollidierten. Fallschirme und Flugzeugtrümmer schwebten erdwärts.

Das KG 3 fing sich wieder mühsam. Schloß die Lücken. Flog London an.

Nun setzte Park seine letzten sechs, Mallory fünf Staffeln ein. Dicht und wütend griffen sie an, so daß es in einem

Zum Bild auf den beiden folgenden Seiten: London in den Tagen des »Blitz«: Brandwolken umhüllen nach einem deutschen Tagesangriff die St.-Pauls-Kathedrale, ein weltbekanntes Wahrzeichen der Themse-Metropole.

deutschen Einsatzbericht hieß: »Über dem Ziel traten feindliche Jäger in größeren Verbänden bis zu 80 Flugzeugen auf.« Diese Taktik der Briten war neu. Um 13.30 Uhr, dem Höhepunkt der Schlacht, befanden sich rund 300 RAF-Jäger im Einsatz. Von London bis zur Küste. Der Himmel dröhnte im Lärm der Motoren und Abschüsse.

Churchill kam vom Landsitz Chequers herüber. Er besuchte Park in seinem unterirdischen Befehlsstand in Uxbridge. Hektik im großen Raum. Helferinnen hantierten mit farbigen Marken an den Lagekarten: Feindverbände wurden registriert. Berichte gingen ein und durchliefen vorgegebene Stationen. Große Wandtafeln zeigten den Bereitschaftsgrad der RAF-Staffeln an . . .

Bald waren alle eingesetzt. Aber die deutschen Verbände rückten näher. Spannung. Erwartung – und die kühle Feststellung: Wenn die Germans noch eine Welle nachschoben, konnten sie ungestört bomben! Churchill fragte: »Welche Reserven haben Sie noch?«

Park: »Nichts mehr. Keine einzige Staffel.«

An diesem Tag drangen wirklich 148 deutsche Flugzeuge bis London vor, aber die Bomben fielen durch die Wolkendecke ungezielt auf die Stadt. Und auf dem Rückflug griffen die Briten an . . .

In Kenley dröhnen die 1030-PS-Merlin-Motoren der Hurricanes. Die 501. Staffel macht sich bereit. Auch Sergeant Pilot James H. Lacey ist eingeteilt. Seit Beginn der Schlacht hat er elf Gegner abgeschossen. Staffelkapitän H. Hogan hat die Namen der Piloten und ihre Position mit Kreide ans schwarze Brett geschrieben . . . Lacey ist Rot 3, Kette A. Er fliegt also mit Hogan. Deckname der Staffel ist »Pinetree«; Laceys Position ist nun exakt »Pinetree Rot 3«. Er schnappt sich Fliegerhelm, Schwimmweste und Fallschirm. Wartet. Drüben stehen die Maschinen: Hurricanes mit den Drei-

Englische Kinder haben vor einem deutschen Tagesangriff in einem Splittergraben Schutz gesucht.

blattpropellern. Die Flugzeuge hängen an den Startwagen.

Lacey geht zu seiner Maschine. Hinter der Staffelnummer sind die Buchstaben SD aufgemalt. Der Sergeant grüßt die Warte, legt den Fallschirm aufs Leitwerk, klettert ins Cockpit, prüft die Pedaleinstellung, trimmt das Höhensteuer auf Start, schließt den Sauerstoffschlauch sowie Kopfhörer - und Mikrophonkabel an. Dann füllt er das Formular 700 aus, das Wartungsblatt: Flugzeug ist flugfähig! Die Warte haben schon vor ihm unterschrieben. Nun zurück in den Bereitschaftsraum. Wieder warten.

Endlich rasselt das Telefon . . . Alarm! Die »Banditen« kommen! Die Piloten stürzen hinaus. Lacey brüllt von weitem: »Anwerfen!« Der erste Wart hechtet ins Cockpit, der andere an den Startwagen. Überall Bewegung an den Maschinen. Keiner weiß, wie stark der Feindverband ist. Das erfahren die Piloten erst über Funk.

Lacey ist an der Maschine. Eben zündet der bullige Motor, spuckt Qualm durch die Auspuffstutzen. Der Propeller rotiert langsam. Schneller. Das Gras flattert im Luftzug.

Lacey packt den Fallschirm, faßt den Halbgurt links am Sicherheitsschloß, drückt ihn an den Bauch, schlüpft mit der Schulter hinein, legt die Gurte um die Beine und läßt das Schloß einrasten. Dann steigt er auf die Fläche, rutscht ins Cockpit, setzt den Helm auf. Der Wart hilft beim Anschnallen, zieht die Gurte nach. Fertig. Der Wart klopft auf die Schulter: »Hals- und Beinbruch!« - und springt ab. Die Motoren dröhnen. Drüben rollt Hogan schon an.

Lacey schiebt den Gashebel vor, löst die Bremsen. Die Hurricane bewegt sich, rumpelt auf der Grasnarbe entlang, wird schneller, beschleunigt: Pulle ganz nach vorn . . . Lacey schiebt sich in Position, Hogan ist voraus und etwas rechts. Blick auf die Instrumente: Drehzahlmesser, Betriebstemperatur, Öl- und Ladedruck, Kühlerhebel zurück - alles in Ordnung . . .

Knüppel an den Bauch. Gas weg. Die Kette von Pinetree Rot 3 hebt ab. Steigt. Alle drei Hurricanes ziehen in einem Turn vom Platz weg. Lacey zieht das Fahrgestell ein und

Die wuchtige Explosion einer schweren Fliegerbombe hat einen Londoner Doppeldeckerbus gegen die Hauswand geschleudert.

schließt die Kühlerklappen. Nun holen die anderen Ketten auf. Der Verband ist in Formationsflug und steigt weiter. Über Kopfhörer ruft Hogan: »Rot bitte melden!« . . . »Rot zwei.« . . . »Rot drei«, antwortet der Sergeant Pilot. Dann meldet sich die gelbe, grüne und blaue Kette. Nun gibt der Kontrollturm Anweisungen: »Führer Pinetree auf 1 - 3 - 0 drehen; wiederhole: 1 - 3 - 0; Engel auf 15. Wir haben einen 50 + Angriff für Sie, anfliegend zwischen Dungeness und Ramsgate.« Hogan bestätigt den Ruf. Seine Staffel steigt in den Wolkenhimmel mit Südostkurs.

Lacey schaltet das Reflexvisier ein. Der orangefarbene Ring erscheint in der Mitte der Visierscheibe: Vorhaltemaß für 160 km/h; zwei Kreise vorhalten, wenn die Feindmaschine den eigenen Kurs rechtwinklig mit 320 km/h schneidet. Die acht Browning-MGs sind mit De Wilde-

So.....
ALDWYCH

Leuchtmunition und Standardgeschossen im Verhältnis 1:5 geladen.

Die Staffel klettert weiter. Der Feind wird in großer Höhe anfliegen. Über 7620 Meter erfaßt ihn das Radar nicht mehr. Der Turm hat 15 genannt: Tarnbezeichnung für 15 000 Fuß, in Wahrheit 25 000 (es muß stets eine Zehn dazugeschlagen werden). Der Höhenvorteil ist wichtig, denn: Die Me 109 ist schneller und steigt höher. Auch die Spitfire ist flotter, sie schafft aber die Hurricane im Steigflug nicht . . .

Unten gleitet Ashford vorbei. Plötzlich der Turm: »Banditen genau voraus, etwas höher.«

Die Piloten suchen den Himmel ab. Warten gespannt. Horchen auf den Motor. Prüfen Visier und Waffen . . .

Hogans Stimme: »Lastwagen, 12 Uhr! Tallyho!« - Da oben. Großer Pulk. 900 Meter voraus. Die Schatten wachsen: Bomber. Und darüber Me 109 . . .

Hogan zieht hoch. Er will frontal angreifen. Auch Lacey rast nach oben. Der Motor dröhnt mächtig im Vollgas. Die Bomber kippen heran: Do 17. Noch steiler geht der Sergeant hinauf. Seine Hurricane steht auf dem Schwanz, kommt von Touren. Nichts zu machen. Lacey schafft die Überhöhung nicht mehr. Auch die anderen Ketten hängen zu tief . . .

Lacey zielt nach oben. Ein Bomber gleitet durch das Revi. Füllt es aus. Entfernung 400 Meter. Zu weit? Er drückt ab. Die Brownings brüllen los. Aber Anstellwinkel der Maschine und Rückstoß wirken sich aus. Die Hurricane rüttelt. Kommt ins Trudeln . . . Ruhe! Knüppel nach vorn, dann Gegenruder. Das Tempo wächst. Nun hört die Schraubenbewegung auf, die Maschine rast in die Tiefe. Aufpassen!

Oben: Die britische Heimatfront wankt nicht unter Görings Bombenhagel: In einem Londoner U-Bahnhof sorgen Musiker und Kabarettisten zwischen zwei Fliegeralarmen für Unterhaltung.
Unten: Aus den Trümmern ihres zerbombten Pubs im Osten Londons haben die Gäste das Klavier und den Union Jack geborgen.

Nicht zu lange, sonst montieren die Flächen ab. Abfangen! Vorsichtig! Gas wegnehmen, Knüppel heranholen. Endlich. Die Hurricane nimmt ihre Nase hoch, und Lacey, noch benommen, trimmt sie in die Horizontale. Dann zieht er wieder hoch und drückt die Sprechtaste: »Rot 3 an Führer Rot, wo seid ihr?« – »Führer Rot an Rot 3. Genau nördlich von Maidstone. Aufschließen über Maidstone.«

Lacey geht auf Nordwestkurs. Er steigt noch immer: 12000, 14000 Fuß . . . Der Himmel ist leer. Bald muß er die Staffel treffen. Drüben, tief unten, das müßte Maidstone sein. Dann, genau im Nordwesten: Punkte. Die 501. Staffel! Er hält darauf zu, kommt flott näher . . . Thunderstorm! Die Propeller haben gelbe Spinner! Deutsche! Me 109 . . . Die nähern sich frontal. Rasant. Lacey hält Kollisionskurs mit der Me-109-Staffel . . . Drück brutal an. Der Horizont springt nach oben – Laceys Hurricane fegt unter den Gegnern hindurch. Das war knapp! Verduften? – Nein! Vollgas und Knüppel voll an den Bauch. Die Hurricane wirft ihre Nase hoch in die Luft, klettert, zischt wie eine Rakete steil nach oben – direkt hinter den deutschen Schlußmann. Looping. Lacey hängt in den Gurten, den Kopf nach unten. Behält den Gegner im Auge. Fegt in Rückenlage hinterher: 150 Yards – ideale Entfernung. Das Visier aber ist für die »Normallage« der Maschine justiert. Also muß er über den Gegner halten. Er visiert an, bringt die Flächenspitzen der Messerschmitt zwischen die Balken des Revi . . . Feuer! Geschoßgarben spritzen. Die Hurricane rüttelt. Treffer. Tank und Motor der Me 109 schlucken die MG-Salve, Rauch bläst ab, und mit einem Ruck fällt der Jäger aus der Formation, fängt plötzlich Feuer und stürzt ab.

Lacey fliegt eine halbe Rolle. Seltsam: Die Deutschen ha-

Auf beiden Seiten des Kanals rüsten sich im Herbst 1940 Bombenflieger zum nächtlichen Feindflug. Szene auf einem britischen Bomberstützpunkt mit dem Heckstand eines Whitley-Bombers im Vordergrund (oben); vor der startklaren Ju 88 hilft der Bordwart einem Piloten beim Anlegen des Fallschirms (unten).

Gespenstisch wirkt die klargezeichnete Silhouette der Londoner Tower-Bridge vor den brennenden Docks im Hafenviertel an der Themse.

ben ihn nicht bemerkt! Der Sergeant greift wieder an. Forsch und verbissen. Hängt hinter dem letzten Jäger und bringt ihn mit Knüppel und Pedalen ins Visier... Abschuß! Aus der Me 109 fliegen Fetzen heraus, ehe sie mit Kühlertreffern und weißer Fahne in die Tiefe stößt... Plötzlich haben die Deutschen kapiert! Die zehn Maschinen spritzen auseinander, flitzen in Steilkehren, um Lacey von hinten zu packen. Er hat kaum mehr Munition – und die anderen sind auch schneller... Links hängt ein Deutscher hinterher. Lacey fegt in seine Bahn. Geht in Position, stellt die Hurricane auf die linke Fläche, kurvt scharf ein – und schießt. Die MGs rattern, stottern – aus. Verschossen! Leuchtspurgarben wirbeln umher: Lacey ist gestellt... Abschwung! Knüppel hart nach vorn. Die Hurricane kippt weg, und es hebt ihn fast aus dem Sitz, als die Maschine in Höllenfahrt in die Tiefe geht, der Motor holt 480, dann 560 und sogar 640 km/h heraus, er rast durch eine Wolkenbarriere und sieht die Erde heraufschwingen ... Langsam zieht Lacey an, stürzt noch immer, doch der Winkel wird flacher, stumpfer, er trimmt in die Waagerechte, jagt im Tiefflug über die Baumwipfel fort und nimmt Kurs auf Kenley. Kein Verfolger zu sehen. Die müssen Sprit sparen... Vertraute Umgebung, dann der Platz. Er fliegt eine Runde nimmt nach der Landungsfreigabe etwas Gas weg und fährt die Landeklappen aus. Fahrgestell raus. Die Hurricane schwebt mit 160 km/h herein und setzt auf. Pinetree Rot 3 ist gelandet. Es ist genau 13.35 Uhr. Lacey rollt auf seine Splitterbox zu, bremst, hält, greift zu den zwei Zündschaltern unten am Gerätebrett und schaltet aus. Dann nimmt er den Helm ab und kriecht aus dem Cockpit. Einen Moment lang beguckt er sich die ölverschmierte Maschine – dann muß er Fragen beantworten... Drei Stunden später ist Lacey schon wieder am Himmel . . .

Bittere Erkenntnis für die Luftwaffe: Die RAF-Jagdabwehr war stärker als je zuvor; die enge Bindung der eigenen Jäger an die Bomber brachte die Eigenschaften der Me 109 nicht zur Entfaltung.

Zwischen 12.50 Uhr und 16 Uhr wurden die beiden deutschen Wellen in harte Luftkämpfe verwickelt. Es war der Ruhmestag für »Stuffy« Dowdings Jäger, nach Churchill der »letzte große entscheidende Tag der Luftschlacht«. Die Briten meldeten 185 Abschüsse – es waren aber nur 56.

Nachts bombten 181 Maschinen London. Überall loderten Feuer. Hunderte Menschen kamen dabei um.

Das Bomber Command flog Angriffe gegen die Kanalhäfen und zerstörte fast 13 Prozent der dort versammelten Transport- und Flußschiffe. Die Invasionsflotte fiel in Trümmer.

Die Luftschlacht ging zu Ende.

Göring mußte sich nun beeilen. Schon stiegen die Herbstnebel, rauhte die See im Kanal auf. Wolkengebirge verbauten die Sicht. Und die RAF war stärker als zuvor. 16. September 1940. Konferenz der Luftflottenchefs und Fliegerkorpsführer. Der Reichsmarschall schimpfte: »Die Jäger haben versagt!« Auf den Hinweis, daß die Briten starke Jagdverbände einsetzten, reagierte Göring mit der ewig alten Großsprecherei: »Das kann uns doch nur recht sein. Wenn sie in Massen ankommen, können wir sie auch in Massen abschießen.«

Jedenfalls muße nun etwas Entscheidendes geschehen: Änderung der Taktik. Wieder einmal. Sie sah vor: Kleinere Kampfverbände fliegen unter sehr starkem Jagdschutz bei schönem Wetter Tageinsätze; pausenlose Störangriffe mit Einzelmaschinen und Jagdbombern gegen Industrieziele in London; Verlagerung des Luftkrieg-Schwerpunktes auf die Nachtangriffe.

Damit begann die letzte Phase der Luftschlacht um England, die vom Herbst 1940 bis zum Frühjahr 1941 dauerte. Reibereien zwischen Göring und den Luftflottenchefs wurden alltäglich. Oberst Koller vom Luftflottenstab 3: »Der Reichsmarschall war immer bitterböse, weil wir England noch nicht geschlagen hatten.«

Das Wetter verschlechterte sich ständig: Wolkenbänke über den Absprungbasen, im Kanal und im Zielgebiet. Manche Verbände rissen auseinander und kamen als »Bandwurm« ins Ziel – leichte Beute der RAF-Jäger. Und es fehlte an Besatzungen mit Blindflugausbildung.

Am 17. September gab Hitler eine Konferenz und fand sich mit den Realitäten ab: Invasion findet nicht statt. Offiziell hieß es: »Die feindliche Luftwaffe ist noch keineswegs besiegt; sie zeigt sich im Gegenteil zunehmend aktiver. Die Großwetterlage läßt uns nicht auf eine Beruhigungsperiode hoffen ... Der Führer hat daher entschieden, die Operation

Oben: Mit vier schweren Bomben unter den Tragflächen startet eine Ju 88 zum Nachtangriff.
Unten: RAF-Piloten der 85. Squadron in Alarmbereitschaft gegen deutsche Nachtbomber. Rechts sitzt in Gesellschaft seines Schäferhundes Staffelkapitän Peter Townsend, einer der populärsten Jagdasse der Schlacht von England.

›Seelöwe auf unbestimmte Zeit aufzuschieben.«

20. September 1940. Schlechtwetter mit starken Nordwestwinden. Regenschauer. Dichte Wolkendecke.

Die Luftwaffe spielt einen neuen Trumpf aus: Jagdbomber. Auf Abwurfrosten unter dem Rumpf konnten sie bis zu 500 Kilo transportieren. Allerdings auf Kosten ihrer guten Flugeigenschaften; sie wurden steif und lahm in der Geschwindigkeit und im Steigvermögen. Aber die Luftwaffenführung klammerte sich an die Anfangserfolge und ließ ein Drittel der Me-Jäger zum Bombenschleppen umrüsten. Offiziell hießen die Jagdbomber »leichte Kampfflugzeuge«, von der Truppe wurden sie »leichte Kesselringe« genannt.

Am 20. September starteten 22 Me 109-Jabos gegen London und wurden selbst wieder von Jägern begleitet (!). Sie stiegen von Calais aus bis auf 8000 Meter und drückten dann auf London herunter. Die britischen Jäger blieben am Boden. Sie hatten Befehl, nur Bomber anzugreifen. So bombten die Jabos ungestört. Die 250-Kilo-Bomben wüteten in der Stadt. Doch die Engländer kapierten schnell. Nun waren sogar die Hurricanes den Messerschmitt-Bombern überlegen. Und wieder mußte die Luftwaffe schwere Einbußen hinnehmen. Ein Pilot schrieb resigniert: »Wir Jagdflieger sahen dieser Vergewaltigung unserer Maschinen verbittert zu. Wir mußten den Lückenbüßer und Sündenbock spielen.«

Die Jabo-Einsätze dauerten den Oktober über an, es hagelte Proteste bei Jeschonnek. Anfang Dezember flogen die Jabos nicht mehr. Dafür die Nachtbomber. Oft bis zu 300 Maschinen auf einmal. Doch die Londoner hielten durch. England kapitulierte nicht.

Am 4. Oktober 1940 telegrafierte Churchill an den US-präsidenten Roosevelt: »Der Herr hat seine Kleider abgelegt und seinen Badeanzug angezogen, aber das Wasser wird kälter, und die Luft wird schon herbstlich kühl.« Damit meinte er Hitler und die Invasion.

Hitler blies am 12. Oktober »Seelöwe« endgültig ab. Der Truppe wurde jedoch mitgeteilt, daß die Invasion »bis zum

Frühjahr 1941« verschoben worden sei. Diese Version sollte ein »militärisches und politisches Druckmittel gegen England« darstellen. Hitler hatte sich endgültig in die Idee verrannt, zuerst »Rußland in einem schnellen Feldzug niederzuwerfen«, und er machte lieber den riesigen Umweg über Moskau, statt den kleinen Sprung über den Kanal zu wagen. Vor dem Angriff auf Rußland notierte Halder: »Der Krieg gegen Rußland hat England zum Ziel.« Die Luftwaffe war schuld, weil sie die Luftherrschaft - als Voraussetzung für eine Landung - nicht errang. Weder in acht, noch in vierzehn Tagen und auch nicht nach vier Wochen!

Raeder und der Marinestab waren enttäuscht. Hitler nicht. Heusinger: »Im Grunde war er froh, als er die Sache abblasen konnte.« Damals ging das Bonmot um: »Mit Raedern soll man nicht übers Wasser fahren.« Der Marine-OB, ohnehin humorlos, konstatierte zerknirscht: »Die für das geplante Unternehmen aufgewendeten Energien sind nutzlos verbraucht worden.« Herbststürme würgten nun die Einsätze der Luftwaffe Mitte Oktober fast ganz ab. Einzelne Maschinen vom IX. Fliegerkorps warfen Minen auf Geleitzugrouten und in die Hafeneinfahrten.

Anfang und Mitte November 1940 flogen auch Stukas wieder Angriffe: 1., 8. und 11. Im »Treppensturz« warfen sie ihre Bomben auf drei Konvois in der Themsemündung und erzielten etliche Treffer. Aber drei Tage später, als der Jagdschutz fehlte, erlitten die Ju 87 wieder große Ausfälle.

Ab Mitte November 1940 ließ jedoch die Angriffstätigkeit rapide nach. Nur in Vollmondnächten erfolgten größere Einsätze gegen London, Liverpool, Plymouth, Southampton - und Coventry. Der Bombenschlag gegen diese Stadt wurde zum Symbol der Terrorangriffe gegen die Zivilbevölkerung schlechthin.

Mitte November nahm die Luftwaffenführung den letzten Zielwechsel vor: Schwerpunktangriffe auf englische Industrie- und Hafenstädte. Dadurch sollte die gegnerische Wirtschaftskraft zerstört werden.

Das Problem, bei Nacht jeweils die vorgeschriebenen

Ziele finden zu können, wurde mit dem X-Verfahren gelöst, das der Hochfrequenz-Wissenschaftler Dr. Plends bereits 1934 entwickelt hatte, und das inzwischen weiter verbessert worden war. Es wurde Coventry zum Verhängnis!

Am Abend des 14. November 1940 starteten in Vannes (Westfrankreich) zwei Staffeln der Kampfgruppe 100. Die He 111 H 3-Bomber waren mit X-Geräten ausgestattet. Sie »ritten« auf einem Leitstrahl entlang, den ein »Knickebein«-Sender von der französischen Kanalküste aus direkt nach Coventry richtete. Das Funkführungssystem klappte. Brand- und Sprengbomben fielen auf die Stadt. Feuerwände überzogen sofort das Ziel und machten es für die nachziehenden Verbände weithin sichtbar. In dieser Nacht flogen alle noch verfügbaren Kampfmaschinen der Luftflotten 2 und 3, insgesamt 449, nach Coventry. In den Einsatzbefehlen wurde das Ziel als ein »wichtiges Zentrum der feindlichen Rüstungsindustrie« bezeichnet. Rund 500 Tonnen Spreng- und 30 Tonnen Brandbomben verwüsteten die Stadt. Ein Pilot berichtete: »Das sonst bei Volltreffern übliche Indianergeheul an Bord bleibt uns in der Kehle stecken. Schweigend starrt die Besatzung auf das Flammenmeer hinunter. Ist das hier ein rein militärisches Ziel?«

Fehler in der Modulation waren schuld, dadurch wirkten die Störsignale nicht, bekannten die Engländer. Schnell angelegte »Köderfeuer« im freien Gelände irritierten die Deutschen auch nicht mehr, nachdem das brennende Coventry die Bomberströme anlockte.

Vor dem Militärtribunal in Nürnberg gab Kesselring an, daß Coventry »in den Zielmappen unter genauer Einzeichnung der Rüstungsanlagen als das englische ›Klein-Essen‹ geführt wurde«. Der Erfolg der Luftwaffe beruhte auf der günstigen Entfernung (Zwei- und Dreifachflüge der Ver-

Coventry nach dem »Blitz«: Der Alltag geht weiter. Vor ihren zerbombten Geschäften haben Einzelhändler improvisierte Verkaufstische auf dem Bürgersteig aufgestellt.

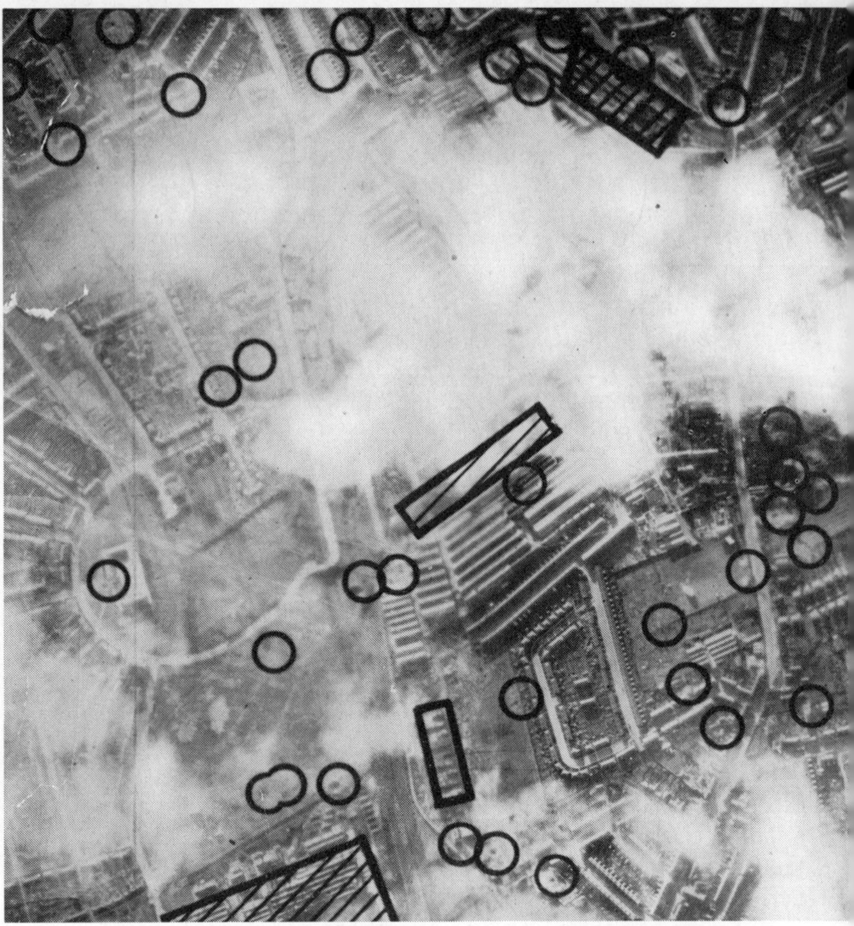

Dieses offizielle Foto veröffentlichte das Reichspropagandaministerium nach dem Nachtangriff auf Coventry. Bombentrichter sind durch Kreise markiert, zerstörte Fabrikanlagen durch schraffierte Rechtecke. Insgesamt wurden 21 Fabriken getroffen, von denen 12 direkt für die Royal Air Force gearbeitet hatten. Beschädigt wurden aber oft nur die Gebäude; die Maschinen blieben intakt, unter freiem Himmel wurde weitergearbeitet. Schon nach einer Woche standen 80 Prozent der Beschäftigten wieder an ihren Arbeitsplätzen.

bände), guter Wetterlage und schwacher Abwehr. General Pile, Chef der englischen Flak, gab zu, daß die Luftabwehr allgemein zu wünschen übrig ließ. Mit den Kerrison-Kommandogeräten und Bofors-Kanonen waren keine großen Resultate zu erzielen. Bei Formationen über 6100 Meter Höhe (üblich) blieben nur die großen Geschütze wirksam. Meist aber waren nur Bofors, Lewis-MGs und 20-mm-Kanonen eingesetzt . . . Coventry aber fiel in Trümmer. Blutete. Rauch und Brände verhüllten die Industriewerke. Die

Zehn Stunden dauerte der Angriff auf Coventry. Als mit dem Morgen des 15. November sein Ende kam, lag ein Drittel der Wohnhäuser in Schutt und Asche.

Bomben aber tobten furchtbar. Feuerfackeln überall. Rauch, Ruinen, Tote. Die Überlebenden verkrochen sich in die Erde, und über sie hinweg raste die Apokalypse, fegte ein Inferno. Es regnete Feuer vom Himmel. Und Verderben. Der Bombenhagel pflügte um, was schon begraben war. Erde und Himmel dröhnten gleichermaßen im Lärm der Vernichtung, Schein und Widerschein der Brände flossen ineinander und raubten den Sterbenden die Atemluft. Menschenschreie verklangen wie Spatzenschilpen in einer Schottermühle ... In dieser Nacht starben Frauen, Kinder und Alte. Die Meinungsforscher des Amtes »Mass Observation« registrierten in den nächsten Tagen zum ersten (und eigentlich auch zum letzten Mal) eine verzweifelte Stimmung unter der Bevölkerung.

Dokumente September 1940 - Januar 1941

»London hielt stand« (Dokument Nr. 12), England hielt stand. Der Bombenhagel erzeugte Gemeinschaftsgefühl und ein trotziges »Nun erst recht« in der schwergeprüften Zivilbevölkerung. Ausführlich reden die Dokumente (Nr. 13, 14 und 15) davon. Nicht anders sollte es später auch in Deutschland sein; die Engländer hätten es eigentlich aus eigener Erfahrung wissen können, daß der Bombenterror Städte in Schutt und Asche legen kann - und Coventry ist eines der Beispiele dafür (Nr. 20 und 21) -, aber gegen die Moral der Menschen eigentümlich wirkungslos bleibt.

Derweil mühte sich die Propaganda, immer neue Begründungen zu finden, warum sich der Kampf um England in die Länge zog (Nr. 16), allerdings mit immer geringerem Erfolg. Man glaubte ihr einfach nicht mehr. »Die anderen lügen, und wir lügen eben auch«, mußten sich die Horcher des SD sagen lassen (Nr. 17). Schließlich war aus Zeitungsnachrichten wie etwa derjenigen von Görings großherziger Spende für die Hinterbliebenen der gefallenen Piloten (Nr. 23) schon deutlich genug abzulesen, wie es wirklich über England zuging.

»Seelöwe«, die Landung in England, rückte in unabsehbare Ferne (Nr. 18), und fast mutet es wie ein Witz an, daß Hitler seinem russischen Kurzzeit-Bundesgenossen den baldigen Untergang Albions in Aussicht stellte (Nr. 19), während der Angriff auf die Sowjetunion schon planerische Gestaltung annahm (Nr. 24) und soeben zur Hilfe Englands die Großmacht auf den Plan trat, die schon den Ersten Weltkrieg entschieden hatte: die Vereinigten Staaten, die mit dem Leih- und Pachtgesetz (Nr. 22) ihre Wirtschaftskraft zuungunsten Hitlers in die Wagschale warfen.

London hält stand

Dokument Nr. 12: Aus Churchills Memoiren

Wenn unsere Städte unter den Angriffen leiden sollten, so war es mir am liebsten, daß der Hauptstoß gegen London geführt wurde. London war wie ein mächtiges, prähistorisches Tier, imstande, furchtbare Verletzungen und Verstümmelungen zu erleiden, aus zahllosen Wunden zu bluten und dennoch Leben und Beweglichkeit zu bewahren. Die Anderson-Schutzräume waren in den Arbeitervierteln mit den zweistöckigen Häusern verbreitet, und alles wurde getan, um sie einigermaßen wohnlich zu machen und bei nassem Wetter zu entwässern. Später verwendete man den Morrison-Schutzraum, der nichts anderes war als ein schwerer Küchentisch aus Stahl mit starken Seitenwänden aus Drahtgeflecht, wohl imstande, die Trümmer eines kleinen Hauses zu tragen, und somit einen gewissen Schutz bietend. Viele dankten ihm ihr Leben. Im übrigen – »London hielt stand«. Die Londoner hielten allem stand und hätten auch noch größerer Belastung stand gehalten. Damals glaubten wir fest, daß das Ende die völlige Vernichtung der Hauptstadt sein würde. Doch, wie ich zu jener Zeit im Unterhaus betonte, gilt das Gesetz der abnehmenden Wirkung im Falle der Zerstörung großer Städte. Bald würden zahlreiche Bomben nur noch auf bereits eingestürzte Häuser fallen und nur den Schutt aufwühlen. Auf weite Strecken würde nichts mehr zu verbrennen oder zu zerstören sein, und dennoch würden menschliche Wesen da und dort ihr Heim aufschlagen und mit unendlicher Findigkeit und Standhaftigkeit ihre Arbeit fortsetzen. Zu jener Zeit wäre jedermann stolz darauf gewesen, ein Londoner zu sein. Die Bewunderung des ganzen Landes galt London, und alle anderen großen Städte Englands wetteiferten, ihren Teil auf sich zu nehmen, sobald es sie traf, und sich nicht überflügeln zu lassen. Tatsächlich schienen manche Leute London um sein Schicksal zu beneiden, und eine ganze Anzahl kam vom Lande her, um eine oder zwei Nächte in der Hauptstadt zu verbringen und »sich den Spaß anzuschauen«.

In den Tagen der größten Bedrängnis stand Englands Kriegspremier Winston Churchill auf dem Gipfel seiner Popularität.

Die Gemüsefrau als Luftschutzwart

Dokument Nr. 13: Augenzeugenbericht aus London, 1940

Ihr wettergegerbtes Gesicht und ihre kräftige Stimme hatte sie in langen Jahren auf dem Gemüsemarkt erworben. Als die Luftangriffe anfingen, verließ sie ihren Erste-Hilfe-Posten, wo sie als Teilzeit-Freiwillige gearbeitet hatte, und ging in den Aufenthaltsraum in der Ritchie Street. Da übernahm sie das Kommando. Sie fand Milchvorräte für die Babys, brachte sie früh ins Bett, gemeinsam mit den Müttern, und organisierte Schlafmittel. Woraus diese bestanden, wußte keiner, aber sie wirkten. Dann packte sie die Ältesten und Schwächsten auf die übrigen Betten und Bänke und hatte ihren ganzen Verein, hundert bis dreihundert Menschen, schlafend oder wenigstens ruhig, wenn die Bomben kamen. Am Morgen beaufsichtigte sie das Waschen, badete die Babys, wischte den Fußboden, organisierte das Frühstück und ging um elf nach Hause, um zu schlafen oder womöglich um Gemüse zu verkaufen. Am Abend war sie wieder da. Sie machte so einen Aufenthaltsraum zu einem Ort der Sicherheit und Ordnung für Hunderte von obdachlosen Menschen.

Die Moral der Arbeiter

Dokument Nr. 14: Augenzeugenbericht aus einer Londoner Flugzeugfabrik, 1940

Nur wenige blieben der Arbeit fern wegen der Luftangriffe; teils weil wir alle fühlten, daß die Angriffe unserer Arbeit ein größeres Gewicht gaben, aber mehr noch weil wir wußten, daß es unseren Kumpels Sorgen machen würde, wenn wir nicht erschienen. Man konnte Leute bei der Arbeit herumtaumeln sehen, übermüdet, die dann in der Kantine über ihrem Essen einschliefen; aber wenn

Die unbesungenen Helden der Luftschlacht von England kämpften am Boden: Feuerwehrleute, Luftschutzwarte, Sanitäter und andere zivile Helfer riskierten Nacht für Nacht im Hagel deutscher Bomben ihr Leben.

66

Betriebsschluß war, dann schrien sie fröhlich: »Bis morgen, Jungs!« Das Wort wurde überhaupt so etwas wie ein Schlachtruf, eine Bekräftigung allgemeinen Glaubens und Vertrauens. Wir warfen es uns scherzhaft zu, aber immer mit dem Unterton: »Wenn ich morgen nicht da bin, heißt das, daß sie mich gerade ausbuddeln.«

Ein alter Luftschutzmann spricht

Dokument Nr. 15: Aus einem Stimmungsbericht des Amtes »Mass Observation«,

»Als ich zurückkam, war die ganze Stadt flach. Nur mein Haus stand - sagen wir, ein Teil davon. Meine Alte war gerade am Teekochen, wie immer, wenn ich nach Hause komme. Sie war im Gang zwischen der Küche und dem Waschhaus, als es sie erwischte. Sie war verbrannt bis hinauf zur Hüfte. Ihre Beine waren bloß noch zwei Stümpfe. Und ihr Gesicht - das einzige, was ich genau an ihr erkennen konnte, war einer von ihren Schuhen. Ich hätte fünfzehn Häuser verlieren mögen, wenn ich dafür meine Alte behalten hätte. Wir haben immer zusammen gelesen. Ich kann ja nicht mehr richtig sehen, da hat sie mir dann vorgelesen. Wir haben unsere Sessel vor dem Kamin gehabt, und sie hat mir Stücke aus der Zeitung vorgelesen. Wir hatten jeden Abend eine Zeitung. Jeden Abend.«

Anti-Illusionskampagne

Dokument Nr. 16: Goebbels' Presseanweisungen, Oktober 1940

Der Minister wünscht, daß die Anti-Illusionskampagne nach wie vor in der gleichen Weise durchgeführt wird, in der es Sonntag

»Nachtangriff auf die Hauptstadt des Weltreichs« nannte PK-Zeichner Möller diese Darstellung einer Do 17 im Scheinwerferlicht über dem brennenden London.

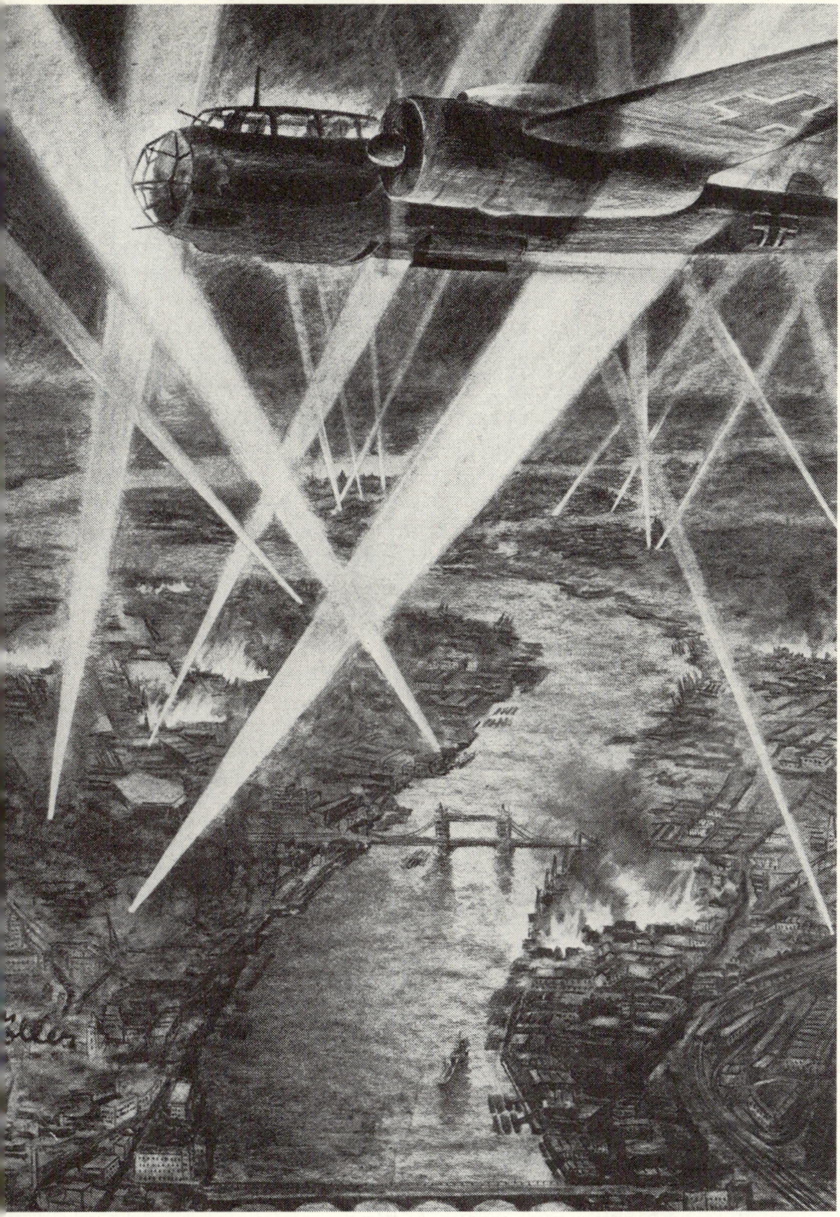

nachmittag und Montag morgen geschehen ist. Er betont, daß England vor der Wahl stehe, entweder zu kapitulieren oder durch rücksichtsloses Lügen und Bluffen gute Aussichten für die Zukunft vorzutäuschen. Er erinnert daran, daß England ja schon im Weltkrieg dicht vor der Kapitulation stand und sich lediglich durch Bluff über die schwierige Situation hinweggemogelt hat. Deutschland muß der Welt diesmal zeigen, daß es gar nicht daran denkt, auf den englischen Bluff hereinzufallen, sondern sich nur durch Realitäten inponieren lasse. Wie diese Realitäten beschaffen sind, kann man aus der Tatsache entnehmen, daß bisher auf Berlin etwa 23 000 kg Sprengbomben herniedergegangen sind, auf London dagegen 7 Millionen kg. Man kann sich, wenn man sich diese Zahlen vergegenwärtigt, ein Bild davon machen, was hinter den englischen Illusionsmeldungen tatsächlich steckt. So muß die deutsche Presse ununterbrochen die englische Illusionskampagne zu paralysieren suchen, ohne Rücksicht darauf, ob es der Presse langweilig wird oder nicht. Sie soll dabei freilich nicht den Eindruck erwecken, als ob England nun unmittelbar vor dem Zusammenbruch stehe; jeden Tag aber soll sie die hoffnungslose Lage Englands schildern und zeigen, wie sich in jeder aus England kommenden Meldung die Bluff-Politik Churchills offenbart. Solange der Minister keine Gegenorder gibt, soll die Presse mit dieser Kampagne fortfahren.

*

Der Minister schildert, wie er sich auf seiner Frankreich-Reise persönlich von der Präzision und Gründlichkeit habe überzeugen können, mit der der Luftkrieg deutscherseits geführt werde, und wie er vor allem auch einen ausgezeichneten Eindruck von den Menschen gewonnen habe, die Träger dieses Kampfes seien. In ihm habe sich die Überzeugung gefestigt, daß London der Welt den grandiosesten Bluff vorspiele, den man sich denken könne, und daß die tatsächlichen Zustände unendlich viel schlimmer sein müßten, als die englischen Kommuniqués zugäben. Man müsse sich vergegenwärtigen, daß der Zusammenbruch Englands voraussichtlich ohne vorherige lange Ankündigung erfolgen werde; wohl gäbe es schon jetzt eine Reihe brüchiger Stellen, aber der eigentliche Zusammenbruch werde plötzlich kommen. Natürlich aber werde bei dem gigantischen Kampf zweier Riesenreiche nicht der eine Partner ganz ohne Narben bleiben, während der andere zusammengedroschen wird.

Presse, Sprachendienst und unsere gesamte Propaganda sollen diese Gedankengänge mehr als bisher in vorsichtiger Form zum Ausdruck bringen. Sie sollen zeigen, daß die täglichen Angriffe auf London keineswegs ein »langweiliges Schauspiel« seien, sondern daß es sich dabei um großartig angelegte militärische Operationen handelt. Daneben sollen die Zeitungen mehr als bisher den Typ des deutschen Jagdfliegers zeigen, der unpathetisch und voll Todesverachtung den Kampf gegen England führt. Das deutsche Volk soll wissen, welchen Respekt es ihm schuldet.

Die Propaganda kommt nicht an

Dokument Nr. 17: SD-Bericht, 7. 10. 1940

Aus den Gauberichten der letzten Woche ergibt sich, daß sehr große Teile der Bevölkerung eine völlig verständnislose und geradezu unerzogene Haltung an den Tag legen, die insbesondere auch in den Stellungnahmen zur Berichterstattung der Presse und des Rundfunks zum Ausdruck kommt. Es überwiegt die Ungeduld darüber, daß auch jetzt der »große Schlag« gegen England nicht gekommen sei (z. B. Allenstein). Die Leute gingen schon wieder auf andere Themen über (z. B. Dresden). Selbst das Interesse am militärischen Geschehen habe in einer bedauerlichen Weise nachgelassen. Die Bevölkerung mache sich ungern und widerstrebend mit dem Gedanken eines zweiten Kriegswinters vertraut, wobei die alltäglichen Sorgen, insbesondere die um Brennmaterial durchaus in den Vordergrund rückten.

Eine außerordentlich große Zahl von Volksgenossen meckert über eine »Gleichförmigkeit« der täglichen Berichte. Man sei es nun schon gewohnt zu erfahren, daß die letzten Angriffe noch stärker waren als die vorausgegangenen und daß sie wiederum eine verheerende Wirkung gezeigt hätten (z. B. Dessau, Bielefeld, Ko-

Zum Bild auf den beiden folgenden Seiten: Erschöpft und ermüdet sucht die Bevölkerung während der Bombennächte Schutz in den weitverzweigten Schächten des Londoner U-Bahn-Netzes.

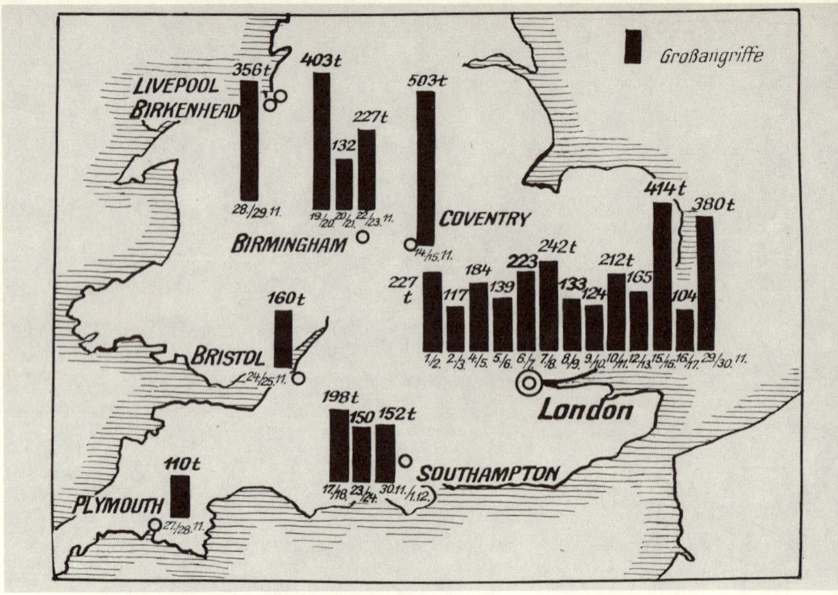

6 747 Tonnen Bomben auf England: Das war die amtliche Bilanz der deutschen Großangriffe vom November 1940. Der sogenannte Nachtblitz zog sich noch bis Mai 1941 hin.

blenz, Augsburg, Königsberg). Man fragte sich ungeduldig, wie lange dieser Zustand der täglichen Angriffe noch andauern solle (z. B. Karlsruhe). Nach dem Ausspruch des Führers: »Beruhigt euch, er kommt«, habe man auf die baldige Endaktion gegen England gewartet. Tatsächlich aber wurde der Kampf gegen England in erster Linie von der Presse und mit einem großen Aufwand an starken Worten bestritten (z. B. Berlin). Es sei doch offensichtlich, daß die Presse sehr stark aufgetragen habe. Man denke an Überschriften wie »London brennt an allen Ecken«, »Londons Luftwaffe verblutet unaufhaltsam«, »Tod und Verderben in London«, »Das Leben in London unerträglich«. Man wundert sich, daß es die Londoner trotzdem aushielten (z. B. Dessau). Es sei augenscheinlich nicht so, wie es die deutsche Presse aus ausländischen Berichten übernommen habe, daß nämlich die Zustände in London schon die in Warschau oder Rotterdam überträfen (z. B. Frankfurt/Main). Vereinzelt wurde die Meldung darüber, daß die

Engländer ihre Flugplätze in das Innere verlegen mußten, als gewichtiger Erfolg und Anzeichen einer planmäßigen Zerstörung gewertet (z. B. Schwerin, Allenstein). Öfter wird davon gesprochen, daß nach den Berichten der Presse von der englischen Luftwaffe eigentlich nicht mehr viel übrig sein dürfte (z. B. Breslau). Das Verhältnis der täglichen Abschußzahlen wird häufig regelrecht mies gemacht (z. B. Dresden).

Die polemischen Auseinandersetzungen mit den englischen Lügen, daß Deutschland einen Landungsversuch unternommen habe, der mit großen Verlusten zurückgeschlagen worden sein soll, hat haltlose Teile der Bevölkerung zu Äußerungen veranlaßt wie »Es werde schon etwas daran sein«. Selbst die Zahl von angeblich 60 000 Ertrunkenen hat für diese Leute nicht genügt, um die Unsinnigkeiten der englischen Behauptungen ins rechte Licht zu rücken (z. B. Darmstadt, Dresden, Frankfurt/Main). In Salzburg stützt man sich dabei auf Erzählungen von Fronturlaubern, daß Le Havre unter sehr heftigen englischen Angriffen zu leiden habe. Auch in Hamburg hatten Fronturlauber über sehr große Verluste an der Küste berichtet, worauf von Volksgenossen geäußert wurde: »Die lügen, und wir lügen eben auch.« »Das sei eben im Krieg so.«

Aus Neustettin wird berichtet, daß der erste englische Einflug in der Nacht vom 1. zum 2. 10. 1940 dort den größten Eindruck machte und zum beherrschenden Tagesgespräch wurde. Die Engländer hätten augenscheinlich mehr Reserven, als man dies nach Berichten der Presse und des Rundfunks habe annehmen können.

Nach allem scheine es, als ob die englischen Luftangriffe auf das Reichsgebiet noch Monate dauern sollten (z. B. Leipzig). Wenn auch die Presse davon spreche, daß die Berliner Kinder freiwillig verschickt würden, so handele es sich dabei doch offensichtlich um eine getarnte Zwangsevakuierung (z. B. Salzburg, Liegnitz, Braunschweig, Potsdam, z. T. immer noch Berlin). In Bayreuth werden 40 000 Hamburger Kinder erwartet. Die vom stellvertretenden Berliner Gauleiter gegebenen Erklärungen werden ebenfalls in Zweifel gezogen, und behauptet, daß »bessere Kreise« schon seit einiger Zeit zur Erholung in der Bayerischen Ostmark seien. In Schlesien, wo man Berliner Kinder erwartet, wird gleichfalls davon gesprochen, daß die Führung offenbar noch sehr schwere Schläge erwarte. Die »Evakuierung luftgefährdeter Großstädte« sei ein Zeichen dafür, daß der Krieg »noch viel Sorgen« bringen werde.

Ebenso wie die Meldungen über die Kinderverschickung haben die mündlichen und schriftlichen Berichte über die Wirkungen englischer Bombenangriffe eine der Propaganda außerordentlich abträgliche Psychose erzeugt. So würden beispielsweise in Baden-Baden von Kurgästen, die »Erholung von den nächtlichen Fliegerangriffen suchten«, ständig »Kriegserlebnisse« zum besten geben, die allmählich zu einem erheblichen Mißtrauen in die Berichterstattung der Presse und des Rundfunks geführt haben. In ihrer inneren Haltlosigkeit nehmen zahlreiche Volksgenossen einen geradezu unerträglichen Standpunkt ein. Man könne die Berichte, daß von den Engländern nur Krankenhäuser, Kinderheime, Laubenkolonien usw. angegriffen werden, schon nicht mehr lesen (z. B. Innsbruck, Salzburg, Allenstein). Man rege sich über die »gemachte Entrüstung« der deutschen Presse nur noch auf.

»Seelöwe« wird verschoben

Dokument Nr. 18: Befehl des Oberkommandos der Wehrmacht, 12. 10. 1940

1. Der Führer hat entschieden, daß die Vorbereitungen für die Landung in England von jetzt an bis zum Frühjahr lediglich als politisches und militärisches Druckmittel auf England aufrechtzuerhalten sind.
   Sollte eine Landung in England im Frühjahr oder Frühsommer 1941 erneut beabsichtigt werden, so wird der dann erforderliche Bereitschaftsgrad zeitgerecht befohlen. Die militärischen Grundlagen für eine spätere Landung sind bis dahin weiter zu verbessern.
2. Alle mit der Auflockerung der Angriffsbereitschaft zusammenhängenden Maßnahmen sind von den Oberkommandos nach folgenden Gesichtspunkten anzuordnen:
   a) Beim Engländer muß der Eindruck erhalten bleiben, daß wir eine Landung auf breiter Front weiterhin vorbereiten.
   b) Daneben soll die deutsche Wirtschaft aber entlastet werden.

3. Im einzelnen gilt:
   Heer:
   Die für das Unternehmen »Seelöwe« bestimmten Verbände stehen für geplante Neuaufstellungen bzw. andere Verwendung zur Verfügung. Dabei muß vermieden werden, daß die Belegung im Küstenraum auffällig vermindert wird.
   Kriegsmarine:
   Die personellen und materiellen Vorbereitungen sind so aufzulockern, daß in dem nötigen Umfang Personal und Schiffsraum, insbesondere Schlepper und Fischdampfer, den Aufgaben der Seekriegführung und der Wirtschaft wieder zugeführt werden. Alle mit der Auflockerung zusammenhängenden Schiffsbewegungen müssen unauffällig und auf einen längeren Zeitraum verteilt vor sich gehen. Sie sind so weit wie möglich für Wirtschafts- und Beutetransporte auszunutzen.
4. Die Oberkommandos werden gebeten, ihre mit der Auflokkerung der Vorbereitungen für Unternehmen »Seelöwe« zusammenhängenden Maßnahmen sowie den Zeitbedarf für die Wiederherstellung der zehntägigen Bereitschaft zum 20. 10. an OKW zu melden.

Verteilung der britischen Konkursmasse

Dokument Nr. 19: Aufzeichnung des Gesandten Dr. Schmidt über Hitlers Unterredung mit Molotow, 13. 11. 1940

Nach der Niederringung Englands würde das britische Weltreich als eine gigantische Konkursmasse von 40 Millionen qkm zur Verteilung kommen. In dieser Konkursmasse läge für Rußland der Weg zum eisfreien und wirklich offenen Weltmeer. Eine Minderheit von 45 Millionen Engländern habe bisher 600 Millionen Einwohner des britischen Weltreichs regiert. Er stehe im Begriff, diese Minderheit zusammenzuschlagen. Auch Amerika täte eigentlich nichts, als sich bereits jetzt aus dieser Konkursmasse einige für die Vereinigten Staaten besonders geeignete Stücke herauszuholen. Deutschland möchte natürlicherweise jeden Konflikt vermeiden, der es von seinem Kampf gegen das Herz des Weltreichs,

die britischen Inseln, ablenke. Daher sei ihm (dem Führer) auch der Krieg Italiens gegen Griechenland unsympathisch, weil er die Kräfte auf die Peripherie abzöge, anstatt sie an einem Punkt gegen England zu konzentrieren. Das gleiche würde bei einem Ostseekrieg eintreten. Die Auseinandersetzung mit England würde bis zur letzten Konsequenz durchgekämpft werden, und er habe keinen Zweifel, daß die Niederlage der britischen Inseln zur Auflösung des Imperiums führen würde. Es sei eine Utopie, zu glauben, daß das Weltreich etwa von Kanada aus regiert werden könne. Unter diesen Umständen eröffneten sich weltweite Perspektiven. Im Laufe der nächsten Wochen müßten sie in gemeinsamen diplomatischen Verhandlungen mit Rußland geklärt und Rußlands Beteiligung an der Lösung dieser Probleme festgelegt werden. Alle Staaten, die etwa Interessenten an dieser Konkursmasse sein könnten, müßten sämtliche Konflikte untereinander abstoppen und sich lediglich mit der Verteilung des britischen Weltreichs befassen.

Angriff auf Coventry

Dokument Nr. 20: Aus Churchills Memoiren

Die neue Bombardierungstaktik begann mit dem Blitzangriff auf Coventry am 14. November. London war anscheinend ein zu großes und unbestimmtes Ziel für entscheidende Resultate, aber Göring hoffte, die Provinzstädte oder Rüstungszentren könnten tatsächlich ausradiert werden. Der Angriff begann kurz nach Anbruch der Dunkelheit am 14. November, und bis zur Morgendämmerung hatten fünfhundert deutsche Flugzeuge sechshundert Tonnen hochexplosiver Sprengbomben und Tausende von Brandbomben abgeworfen. Alles in allem war dies der verheerendste Angriff, den wir zu erdulden hatten. Das Zentrum von Coventry war in Trümmern, und das Leben der Stadt für eine Zeit-

Coventry nach dem Bombenangriff: Noch schwelen die Brände, die Stadt ist nicht wiederzuerkennen. Das Wort »Coventrieren« wurde damals zu einem Standardbegriff für die systematische Zerbombung englischer Städte.

lang völlig aus den Fugen geraten. Vierhundert Menschen waren getötet und weit mehr schwer verwundet worden. Die deutschen Sender erklärten, unsere übrigen Städte würden gleichermaßen »coventriert« werden. Nichtsdestoweniger waren die lebenswichtigen Flugzeugmotoren- und Werkzeugfabriken nicht stillgelegt worden; noch war die Bevölkerung, die bisher von den Prüfungen der Bombardements verschont geblieben war, ihrer Tatkraft beraubt worden. In weniger als einer Woche leistete ein Notstandskomitee Großartiges zur Wiederbelebung der Stadt.

Am Tag danach

Dokument Nr. 21: Bericht einer Journalistin, November 1940

Fünf Meilen außerhalb von Coventry hatten wir schon den ersten feinen Geruch von Rauch wahrgenommen, aber als wir näher kamen, wurde die Luft dicker, Ascheteilchen drangen ins Wageninnere ein. Es war ein schwerer, beizender Geruch, der in die Kehlen und Lungen biß. Dann plötzlich, als wir den Stadtrand erreichten, wurde die Luft warm, wie wenn Frühling wäre. Obwohl Mittag war, herrschte Dunkelheit in der Stadt, schwarze Qualmwolken verdüsterten den Himmel, schwarzer Ruß lag auf den Straßen. Die Leute, die über die Straßen gingen, hatten graue Gesichter und rote Augen, von der Hitze und dem Rauch.

Die Entstehung des Leih- und Pachtgesetzes

Dokument Nr. 22: Aus Churchills Memoiren

Es konnte niemals davon die Rede sein, daß der Präsident nicht gewußt hätte, was er tun wollte. Sein Problem war, wie er sein Land mitreißen und den Kongreß bestimmen konnte, ihm Gefolgschaft zu leisten. Wie (US-Außenminister) Stettinius berichtet, hatte der Präsident schon im Spätsommer bei einer Sitzung der beratenden Kommission für Schiffsraumfragen vorgeschlagen:

»Es sollte nicht notwendig sein, daß die Engländer ihre Guthaben flüssig machen und Schiffe in den Vereinigten Staaten bauen lassen, noch daß wir ihnen zu diesem Zweck Geld leihen. Es ist kein Grund vorhanden, weshalb wir nicht ein fertiges Schiff nehmen und es ihnen für die Dauer des Notstandes verpachten sollten.« Dieser Gedanke scheint im Schatzamt seinen Ursprung gehabt zu haben, dessen Juristen, insbesondere Oscar S. Cox aus Maine, von Staatssekretär Morgenthau angeregt worden waren. Es zeigte sich, daß auf Grund eines Gesetzes aus dem Jahre 1892 der Kriegsminister, »wenn es seinem Ermessen nach zum öffentlichen Besten wäre«, Heeresgut, das nicht für staatliche Zwecke benötigt wurde, auf eine Frist von nicht mehr als fünf Jahren verpachten durfte. Präzedenzfälle dafür, daß dieses Gesetz durch Verpachten verschiedener Heeresgüter in Kraft getreten war, lagen vor.

So hatte das Wort »verpachten« und die Idee, das Pachtprinzip anzuwenden, um den englischen Bedürfnissen Genüge zu tun, schon seit einiger Zeit das Denken des Präsidenten beschäftigt, der auf diese Weise die Gewährung unbegrenzter Anleihen vermeiden wollte, die sehr bald unsere Fähigkeit zur Zurückzahlung weit überschritten hätten. Jetzt setzte sich dies alles mit einemmal in entscheidendes Handeln um, und der großartige Gedanke des Leih- und Pachtverfahrens wurde verkündigt.

Der Präsident kehrte am 16. Dezember von seiner Kreuzfahrt im Karibischen Meer zurück und brachte seinen Plan schon am nächsten Tage bei einer Pressekonferenz zur Sprache. Er gebrauchte ein einfaches Bild: »Nehmen wir an, daß das Haus meines Nachbarn in Brand gerät und ich habe hundert oder hundertfünfzig Meter entfernt einen Gartenschlauch. Wenn er meinen Gartenschlauch nehmen und an seinen Hydranten anschließen kann, so vermag ich ihm zu verhelfen, das Feuer zu löschen. Was werde ich da tun? Ich werde nicht vorher zu ihm sagen: ›Nachbar, mein Gartenschlauch hat mich fünfzehn Dollar gekostet; du mußt mir fünfzehn Dollar dafür bezahlen‹. Nein! Worin besteht die Transaktion, die sich da abspielen wird? Ich brauche die fünfzehn Dollar nicht – ich will meinen Gartenschlauch zurück haben, sobald das Feuer gelöscht ist.« Roosevelt fuhr fort: »Bei der überwältigenden Mehrzahl der Amerikaner besteht nicht der leiseste Zweifel, daß ein erfolgreich sich selbst verteidigendes Großbritannien die beste unmittelbare Verteidigung der Vereinigten Staaten darstellt, und daß es darum, ganz abgesehen von unserem

»Göring bekommt Ringe unter den Augen«, triumphiert das Londoner Massenblatt »Daily Mirror« über die Erfolge der britischen Jagdabwehr. Obwohl die deutschen Verluste von den englischen Massenmedien grob übertrieben wurden, reichten sie zum Abblasen der Invasionspläne.

historischen und allgemeinen Interesse am Fortbestand der Demokratie in der ganzen Welt, vom egoistischen Standpunkt und für die Verteidigung Amerikas ebenso wichtig ist, daß wir alles unternehmen, um dem britischen Reich dabei zu helfen, sich selbst zu verteidigen.«

Auf dieser Grundlage wurde das auf alle Zeiten hinaus berühmte Leih- und Pachtgesetz sogleich ausgearbeitet und die Vorlage dem Kongreß unterbreitet. Ich bezeichnete es im Parlament später als »die uneigennützigste Tat in der Geschichte aller Nationen«. Nachdem es einmal von dem Kongreß angenommen war, veränderte es mit einem Schlag die ganze Lage. Es erlaubte uns, langfristige Pläne von gewaltigem Umfang zur Befriedigung all unserer Bedürfnisse zu vereinbaren. Wir brauchten keinerlei Vorsorge für die Rückzahlung zu treffen. Nicht einmal eine formelle Verrechnung in Dollar oder Pfund war nötig. Was wir erhielten, wurde uns verliehen oder verpachtet, weil die Fortsetzung unseres Widerstandes gegen die Hitlertyrannei als von lebenswichtigem Interesse für die große Republik angesehen wurde. Dem Wort Präsident Roosevelts gemäß sollte künftig der Schutz der Vereinigten Staaten und nicht der Dollar bestimmend dafür sein, wohin die amerikanischen Waffen zu gehen hatten.

Görings Weihnachtsgeschenk

Dokument Nr. 23: Artikel im »Völkischen Beobachter«, 25./26. 12. 1940

Reichsmarschall Göring schenkt den Kindern der Gefallenen seiner Flugzeugbesatzungen zu Weihnachten Sparkassenbücher über den Betrag von je 1000 RM.

Diese Weihnachtsgabe zeugt von dem tiefen und unauslöschlichen Dank des Oberbefehlshabers der Luftwaffe für die Männer der Flugzeugbesatzungen, die, keine Gefahren scheuend, in schwerstem und heldenmütigstem Einsatz ihr Leben für Deutschlands Ehre und Freiheit dahingaben.

Den Kindern wird dieses persönliche Geschenk des Reichsmarschalls durch sein Stabsamt über die jeweils zuständigen Luftkommandos überreicht. Über den Betrag und die angelaufenen Zinsen können sie normalerweise bei Eintritt der Mündigkeit, also nach Vollendung des 21. Lebensjahres, frei verfügen. Wenn in dem einen oder anderen Falle das Geld früher benötigt wird, z.

B. bei der Aussteuer eines Mädchens, kann durch einen besonderen Antrag an das Stabsamt des Reichsmarschalls, Berlin W 8, hierzu die Genehmigung eingeholt werden.

Die Sparkassenbücher sind dem Sinne und der besonderen Bedeutung des Geschenkes entsprechend würdig ausgestattet worden. In einem einleitenden Führerwort wird des Opfermutes der deutschen Soldaten gedacht. Jedes der Sparkassenbücher trägt eine Widmung des Reichsmarschalls, der es als schönste und heiligste Verpflichtung ansieht, für die Zukunft der Kinder seiner gefallenen Fliegerkameraden zu sorgen.

Wendung gegen Rußland

Dokument Nr. 24: Aus dem Kriegstagebuch des Wehrmachtführungsstabes, 9. 1. 1941

Bei der Fortsetzung der Besprechung um 13.45 Uhr gibt der Führer in Anwesenheit des Reichsaußenministers folgende Beurteilung der Gesamtlage ab:

Eine Landung in England sei nur dann möglich, wenn die volle Luftherrschaft errungen und in England eine gewisse Lähmung eingetreten sei. Sonst sei sie ein Verbrechen. Das englische Kriegsziel bestehe letzten Endes darin, Deutschland auf dem Kontinent zu schlagen. Aber die eigenen Mittel reichen dazu nicht aus. Die britische Kriegsmarine sei infolge ihres Einsatzes auf zwei weit voneinander getrennten Kriegsschauplätzen schwächer denn je, ihre Verstärkung in entscheidendem Ausmaß nicht möglich. Für die britische Luftwaffe machten sich die in der englischen Rohstoffversorgung infolge des Wegfalles der Einfuhr bestehenden Engpässe (vor allem Aluminium) und die Auswirkungen des deutschen Luft- und Seekrieges auf die englische Industrie sehr nachteilig bemerkbar; die Flugzeugindustrie selbst sei so geschädigt, daß keine Vermehrung, sondern Verminderung der Fertigung eingetreten sei. Diese Schädigung durch die deutsche Luftwaffe müsse noch planmäßiger als bisher fortgesetzt werden. Was schließlich das britische Heer anbelange, so komme es als Invasionsarmee nicht in Frage.

Was England aufrecht halte, sei die Hoffnung auf USA und

Die RAF lernte aus dem »Nachtblitz« von Coventry. Unter Luftmarschall Harris, ab Februar 1942 Chef des Bomberkommandos, wurden die elektronischen Zielfindungshilfe und die Beleuchtertaktik immer mehr verbessert – nun zum unermeßlichen Schaden der deutschen Städte.

Rußland, denn die Vernichtung des englischen Mutterlandes sei mit der Zeit unausbleiblich. England hoffe aber durchzuhalten, bis es einen großen kontinentalen Block gegen Deutschland zusammengebracht habe. Die diplomatischen Vorbereitungen hierfür seien klar zu erkennen.

Stalin, der Herr Rußlands, sei ein kluger Kopf; er werde nicht offen gegen Deutschland auftreten, man müsse aber damit rechnen, daß er in für Deutschland schwierigen Situation in wachsendem Maße Schwierigkeiten machen werde. Er wolle das Erbe des verarmten Europas antreten, habe auch Erfolge nötig und sei von dem Drange nach dem Westen beseelt. Er sei sich auch völlig klar darüber, daß nach einem vollen Siege Deutschlands die Lage sehr schwierig werden würde.

Die Möglichkeit eines russischen Eingreifens in den Krieg halte die Engländer aufrecht. Sie würden das Rennen erst aufgeben, wenn diese letzte kontinentale Hoffnung zertrümmert sei. Er glaube nicht, daß die Engländer »sinnlos toll« seien; wenn sie keine Möglichkeit mehr sähen, den Krieg zu gewinnen, dann würden sie aufhören. Denn wenn sie verlören, würden sie nicht mehr die moralische Kraft haben, ihr Empire zusammenzuhalten. Wenn sie sich aber halten, 40 – 50 Div. aufstellen könnten und die USA und Rußland ihnen helfen würden, dann würde für Deutschland eine sehr schwierige Lage entstehen. Das dürfe nicht geschehen. Bisher habe er nach dem Grundsatz gehandelt, immer die wichtigsten feindlichen Positionen zu zerschlagen, um einen Schritt weiterzukommen. Daher müsse nunmehr Rußland zerschlagen werden. Entweder gäben die Engländer dann nach, oder Deutschland würde den Kampf gegen Großbritannien unter günstigsten Umständen weiterführen. Die Zertrümmerung Rußlands würde es auch Japan ermöglichen, sich mit allen Kräften gegen die USA zu wenden. Das würde die letzteren vom Kriegseintritt abhalten.

Die Zertrümmerung der Sowjetunion werde für Deutschland eine große Entlastung bedeuten. Im Osten brauchten dann nur 40 bis 50 Div. zu bleiben, das Heer könne verkleinert und die gesamte Rüstungsindustrie für die Luftwaffe und Kriegsmarine eingesetzt werden. Alsdann müsse man einen voll ausreichenden Flakschutz aufbauen und die wichtigste Industrie in die ungefährdeten Gebiete verlegen. Deutschland würde dann unangreifbar sein.

Ausblick. Kein Ende des Luftkriegs

Der Name Coventry markierte den Höhepunkt jener letzten Phase der Schlacht von England, den die Briten heute als »Night Blitz« bezeichnen.

Noch andere Industrie- und Hafenstädte erlebten in den folgenden Wochen und Monaten ihre schlimmsten Bombennächte. Der »Nachtblitz«, der Englands Widerstandskraft allerdings keineswegs lähmte, zog sich noch bis Mai 1941 hin.

Abermals von Beleuchtern der KGr. 100 angeführt, suchten die Kampfgeschwader in der Nacht des 19. November 1940 Birmingham heim. Dann folgten Ziele wie Bristol, Liverpool, Plymouth, Southampton, Sheffield, Hull, Cardiff und Swansea. London erlitt in der Nacht des 29. Dezember 1940 die schlimmste Feuersbrunst seit dem großen Brand von 1666. Beim letzten Großangriff in der Nacht des 10. Mai 1941 regneten 700 Tonnen Sprengbomben und 87000 Brandbomben auf die britische Hauptstadt. Die Zivilbevölkerung beklagte 1212 Tote und 1769 Schwerverletzte.

Premier Churchill schreibt: »In jenen Tagen faßten wir mit ernstem, ruhigem Blick die Möglichkeit ins Auge, kämpfend inmitten der Trümmer von Whitehall zugrunde zu gehen. Seine Majestät ließ in Buckingham einen Schießstand einrichten, wo er und andere Mitglieder seiner Familie sowie seine Stallmeister sich eifrig im Schießen mit Pistolen und Maschinenpistolen übten. Später brachte ich dem König einen amerikanischen Karabiner, deren man mir einige geschickt hatte. Das war eine sehr gute Waffe.«

In den zehn Monaten ihrer England-Offensive von August 1940 bis Mai 1941 warf die Luftwaffe bei rund 50000 Einsätzen einige 50000 Tonnen Bomben ab. Zur Jahres-

wende 1940/41 standen noch 26 Bombergruppen am Kanal. Die Offensive verzettelte sich zunehmend, da es den Briten gelang, das deutsche Funknavigationssystem zu stören und viele Bombenwürfe auf Scheinanlagen zu lenken. Im späten Frühjahr 1941 zogen die Kampfgeschwader von der Kanalküste zum bevorstehenden Unternehmen »Barbarossa« gegen Rußland ab. Die Luftwaffe versuchte, die schwindenden Angriffsstärken durch Funkspiele zu verschleiern.

Angriffe gegen RAF-Flugplätze sollten dem britischen Oberkommando eine Wiederaufnahme der Invasionsvorbereitungen vorgaukeln.

Die nächtlichen Luftoperationen über England gestalteten sich für die Luftwaffe im Frühjahr 1941 immer kostspieliger, da die zweimotorigen Nachtjäger der RAF nun über eigene Radaraugen verfügten. Im März 1941 gingen 43 deutsche Bomber über England verloren, davon 22 durch Nachtjäger. In der Nacht des 10. Mai 1941 holten die Briten 27 Angreifer vom Himmel. Im Herbst 1941 mußte die He 111 wegen unerträglicher Verluste vom Nachteinsatz im Westen abgesetzt werden; allerdings beschränkten sich die Aktivitäten der Luftwaffe über der britischen Insel um jene Zeit auf bewaffnete Aufklärungsflüge und sporadische Tiefangriffe der beiden mit den Jagdgeschwadern 2 und 26 am Kanal verbliebenen Jagdbomberstaffeln. Später übernahm das Schnellkampfgeschwader SKG 10 mit seinen Fw 190-Jabos die Störoperationen gegen Südostengland.

In der Nacht vom 28./29. März 1942 praktizierte das RAF-Bomberkommando unter seinem neuen Oberbefehlshaber, Luftmarschall Arthur Harris, erstmals einen Flächenangriff mit den gefürchteten Phosphorbomben.

Londons City wurde am 29. Dezember 1940 bei einem Nachtangriff besonders schwer mitgenommen. Fast 30 000 Zivilisten starben bei Bombenangriffen auf die britische Hauptstdt

Die Einäscherung des historischen Kerns der Hansestadt Lübeck beantwortete Hitler mit einem Befehl zu neuen Vergeltungsschlägen gegen England. Die sogenannte »Baedeker-Offensive« von April bis Juli 1942 richtete sich hauptsächlich gegen schwach verteidigte, kunsthistorisch interessante Mittelstädte, deren Zerstörung Hitler wie anhand eines Reiseführers abhaken wollte. Mehr oder weniger schwer getroffen wurden u.a. Exeter, Bath, York, Norwich und Canterbury. Die Hauptlast dieser sowie einer zweiten Serie von Nachtangriffen im Winter/Frühjahr 1943 trug das in Holland stationierte Kampfgeschwader 2 mit seinen Do 217.

Die letzte, wiederum ausdrücklich von Hitler befohlene Bomberoffensive gegen England begann in der Nacht vom 21./22. Januar 1944 unter dem Decknamen »Steinbock«. Unter dem neu ernannten »Angriffsführer England«, Generalmajor Dietrich Peltz, hatte das IX. Fliegerkorps drei verstärkte Kampfgeschwader mit 524 Maschinen zusammengezogen. Der sogenannte »Baby Blitz« dauerte bis Ende Mai 1944; 14 von insgesamt 31 Angriffen richteten sich gegen London. Das Deutsche Nachrichtenbüro sprach von Angriffsnächten mit mehr als 600 Flugzeugen. Selbst beim schwersten Angriff am 18./19. Februar 1944 erreichten nicht mehr als 187 Bomber den Raum London. Weder die Anwendung neuer Angriffstaktiken noch die Teilnahme des langerwarteten Fernbombers He 177 vermochten über die schwindende Offensivkraft der Luftwaffe hinwegzutäuschen. Die Luftwaffe konnte den Untergang der deutschen Städte mit Vergeltungsangriffen nicht verhindern, verlor jedoch ihrerseits beim Unternehmen »Steinbock« 329 Maschinen mit vielen unersetzlichen Besatzungen.

Zum letztenmal stieß in der Nacht vom 3./4. März 1945

Im Frühjahr 1941, noch ist der »Nachtblitz« nicht ausgestanden, beginnt in London die Enttrümmerung zerstörter Straßenzüge. Die Hauptarbeit leisten Frauen wie später in Deutschland.

ein größerer Verband deutscher Flugzeuge nach England vor. Über hundert zweimotorige Nachtjäger verfolgten beim Unternehmen »Gisela« einen britischen Bomberverband bis über die Insel und schossen 19 Viermotorige bei der Landung ab. Beim Abflug suchten die Ju 88 Flugplätze, Eisenbahnzüge und Fabriken heim. Der »Völkische Beobachter« meldete »Wetterleuchten über England«; das britische Innenministerium erwog eine Wiedereinführung der Teilverdunklung.

Zum letzten Mal zeigte sich die Luftwaffe am 10. April 1945 von Norwegen aus über England. Eine zweistrahlige Arado Ar 234 flog ungehindert Fotoaufklärung über Schottland.

Unterdessen war auch die zweite Schlacht von England mit den groß angekündigten Wunderwaffen, der fliegenden Bombe V-1 und der ersten ballistischen Fernrakete V-2 sang- und klanglos zu Ende gegangen. Doch das ist ein anderes Kapitel.

Die Hauptpersonen

Hermann Göring, ab Juli 1940 Reichsmarschall, war Oberbefehlshaber der Luftwaffe. Im 1. Weltkrieg Jagdflieger und Träger des Pour le mérite-Ordens, übernahm er als Nachfolger Richthofens das Jagdgeschwader 1 (»Flying Circus«). 1922 trat er in die NSDAP ein und wurde ein Jahr später beim Putsch am Bauch verwundet - und morphiumsüchtig. In erster Ehe war er mit einer schwedischen Gräfin verheiratet. Ab 1933 preußischer Innenminister, Reichskommissar für den Vierjahresplan, Reichsluftfahrtminister, Reichsjägermeister und Oberbefehlshaber der Luftwaffe, organisierte er die SA und gründete die Gestapo sowie die ersten Konzentrationslager. Er war dynamisch, charmant und demonstrierte in seinem Besitztum »Karinhall« in der Schorfheide aufwendigen Lebensstil: Gärten mit Springbrunnen, livrierte Diener, Bibliothek, Kunstgalerie, Zimmerfluchten. Neben Schlössern, Jagdgütern, Jagdhäusern und zwei Stadthäusern verfügte er über den Sonderzug »Asien«, der mit Bade-, Speise-, Arbeitszimmer ausgestattet war, einen Tieflader für LKWs mitführte und, mit einer speziellen Gewichtsverteilung versehen, einen »luxuriösen und ruhigen Lauf« garantierte. Zwei besonders schwere Lokomotiven zogen diesen Zug, der meist in der Nähe von Tunnels abgestellt wurde, um ihn bei Fliegerangriffen schnell in Sicherheit bringen zu können. Im Frühjahr 1940 stand der Sonderzug bei Beauvais in Frankreich. Der »Eiserne« (so nannte sich Göring selbst gern) führte von dort aus seine Luftwaffe nach England, dem vermeintlichen Sieg entgegen.

Erhard Milch, klein, flink, ehrgeizig, fleißig, mitleidlos. Im 1. Weltkrieg war er Beobachter beim Heeresfliegerdienst und ab 1929 Leiter der Lufthansa-Verwaltung sowie geheimes NSDAP-Mitglied. Ohne Pilotenschein und technisches Wissen über Flugzeuge wurde er Berater von Göring, dem Reichstagsabgeordneten. Nach der Machtübernahme 1933 beteiligte er sich als Staatssekretär und Leiter des Reichsluftfahrtministeriums sowie Generalinspekteur der Luftwaffe maßgeblich an ihrem Aufbau. Seinen damaligen Makel, Jude zu sein, räumte Göring mit der lapidaren Feststellung aus: »Ich entscheide, wer Jude ist und wer nicht!« Hitler und dem Regime treu ergeben, sammelte er belastendes Material über Rivalen und Vorgesetzte und sorgte für die Verstaatlichung der Junkers-Werke. Zerwürfnisse mit Göring, den RLM-Mitarbeitern, Kesselring u. a. scheute er nicht auf dem Wege nach oben. Bei Kriegsausbruch fürchtete er, von Militärs überrundet zu werden und suchte ein Frontkommando zur Festigung seiner Position. Es klappte. Neben der Kontrolle über die Bomberproduktion, übernahm er die Aufstellung einer Spezialmannschaft für den Norwegen-Feldzug und gruppierte später die Luftwaffeneinheiten in Skandinavien zur Luftflotte 5 um.

Ernst Udet. Liebenswürdiger Bohemien, weitgereist, im 1. Weltkrieg Kampfflieger, dann Flugzeughersteller, Kunstflieger. 1933 erwarb er in den USA zwei Curtiss F8C-Doppeldecker, die Grundmodelle des späteren »Stuka« Ju 87. Im Januar 1935, 39-jährig, trat der »fliegende Clown« in die Luftwaffe ein und wurde Inspekteur der Jäger und Sturzflug-Bomber sowie als Generalluftzeugmeister Direktor der technischen Abteilung. Es gab Rangeleien zwischen ihm und Milch. Udets großes Verdienst um die Luftwaffe war neben der »Stuka-Idee«, dem Einsatz von Lastenseglern vor allem der Entschluß, den Jäger Bf 109 statt der He 112 ins Bauprogramm zu übernehmen – die Messerschmitt bewährte sich bestens. 1941 wurde Udet krank, Göring stattete Milch mit einer kommissarischen Vollmacht aus. Während einer Kur »räumte« Milch in Udets Ressort auf. Udet erschoß sich am 17. November 1941 und hatte mit Rotschrift an sein Bett geschrieben: »Reichsmarschall, warum hast du mich verlassen?«

Albert Kesselring. »Lächelnder Albert«, einer der erfahrensten und populärsten Kommandeure. Er kam vom Heer, lernte mit 48 Jahren erst fliegen und war in den dreißiger Jahren Stabschef der Luftwaffe. Als Sprecher der Berufssoldaten hatte er häufig Konflikte mit Göring und Milch. Nach einem Krach mit Milch bat er um seinen Abschied, Göring übertrug ihm das Kommando der Luftflotte 2. Später wurde er Befehlshaber der Landstreitkräfte in Italien.

Hugo Sperrle. Groß, erinnerte an einen »Bären«, stets finster blickend (wegen des Monokels), im 1. Weltkrieg Militärflieger, 1937 Kommandeur der »Legion Condor« in Spanien, liebte wie Göring aufwendigen Lebensstil. Als Chef der Luftflotte 3 wählte er 1940 das berühmte Palais du Luxembourg in Paris (einst Palast der Marie von Medici) zu seinem Hauptquartier. Albert Speer sagte von Sperrle: »Das heftige Verlangen des Feldmarschalls nach Luxus und öffentlicher Anerkennung rangierte dicht hinter dem seines Chefs Göring.«

Air Chief Marshal Sir Hugh Dowding. Ohne Charme, war er altmodisch, von eiskalter Logik und gab beißende Kommentare ab. Deshalb hatte er auch keine Freunde. Gegenüber Männern, die seine Gedanken nicht verstanden, verhielt er sich ungeduldig und abschleifend. Das geschah, als er in einer Konferenz des Luftfahrtministeriums für die Spitfires und Hurricanes schußsicheres Glas verlangte – und ausgelacht wurde. Hier sein Kommentar: »Wenn Chikago-Gangster in ihren Autos schußsicheres Glas haben, kann ich keinen Grund sehen, warum meine Piloten nicht dasselbe haben können.«
Geboren 1882, diente Dowding als Artillerie-Offizier in

Gibraltar, Ceylon, Hongkong und Indien, erwarb den Pilotenschein und flog 1914 beim RFC. 1915 war er Staffelführer und bei Kriegsende bereits Brigadegeneral. 1937 übernahm er als Oberbefehlshaber das Jägerkommando (Fighter Command) und schied als Air Member vom Luftwaffenrat aus. Mit Energie und großem Sachverstand organisierte Dowding die Luftabwehr und verteilte die Jagdgruppen auf die Schwerpunkte. Seine Taktik, die Staffeln nur »dosiert«, also in der jeweils erforderlichen Zahl einzusetzen, sicherte 1940 letztlich den Sieg - und sie wurde ihm zum Verhängnis. Anhänger des »Einsatzes von Massen«, wie sein ehemaliger Untergebener Leigh-Mallory, drängten Dowding am 25. November 1940 (als der Sieger feststand) von seinem Posten. Innerhalb von 24 Stunden mußte er sein Büro räumen.

Air Vice-Marshal Trafford Leigh-Mallory. Dicklich, mit schweren Wangen und getrimmtem Oberlippenbart, geboren 1892, erwarb in Cambridge einen Honours-Grad in Geschichte und wurde 1916 Flieger. 1937 übernahm er das RAF-Jägerkommando der 12. Gruppe, die für den Abwehrbereich Zentral-England zuständig war. Er hatte gehofft, den aktiveren Abschnitt in Südostengland und London zu erhalten, doch der OB Dowding setzt seinen ehemaligen Stabschef Park als Kommandeur der 11. Gruppe dort ein. Mallorys Verhältnis zu seinem Chef fiel nun auf den Tiefpunkt. Nach Dowdings Ablösung übernahm er dessen Posten.

Air Vice-Marshal Keith R. Park. Schmalgesichtig, hochgewachsen, mit Bärtchen und federndem Schritt, war RAF-Experte auf dem Gebiet der Jagdfliegerei. Der genügsame,

Heute ein Mahnmal für den Frieden, damals eine Anklage gegen den barbarischen Bombenkrieg: die Kathedrale von Coventry nach der Zerstörung.

nie fluchende Neuseeländer schottischer Abstammung focht bei Galipoli und schoß in Luftkämpfen während des 1. Weltkrieges zwanzig Gegner ab. Bis 1937 führte er eine Jagdflieger-Einheit in Tangmere und fiel auf, weil er bei seinen Flügen stets einen Stahlhelm über der Fliegerhaube zu tragen pflegte. 1937 gab er sein Kommando ab und wurde Stabschef (SASO) bei Dowding.

William Lord Beaverbrook. Vital, energisch, 1879 in Maple (Kanada) geboren, Zeitungsmagnat, wurde am 14.5. 1940 Minister für die Flugzeugproduktion. Er arbeitete eng mit Dowding zusammen, stellte Jagdflugzeuge her, als die Luftmarschälle Bomber verlangten und stampfte bürokratische Hindernisse nieder, indem er die neuen Jäger direkt an die Staffeln auslieferte. Beaverbrook, der asthmatische Zeitungsmann, dem Llyod George im Ersten Weltkrieg für politische Verdienste die Pairswürde verliehen hatte, führte sein Ministerium, »wie er seine Zeitungen geführt hatte«. Über seinem Schreibtisch hing der Spruch: »Organisation ist der Feind von Improvisation.« Und genauso handelte er auch. Er sperrte sich stur dagegen, Flugzeuge bauen zu lassen, die das Luftfahrtministerium wünschte. Als ein Kompetenzstreit darüber ausbrach, ob die Maschinen in den RAF-Depots dem Luftfahrtministerium oder Beaverbrook unterstehen sollten, ließ der »Biber« kurzerhand an den Hangars Vorhängeschlösser anbringen und kommentierte dieses Vorgehen noch mit der bissigen Bemerkung, er sei dabei, »Jagdflugzeuge in Winchester Cathedral einzulagern.«

Zeittafel

	1940
9.7.	Befehl Hitlers, den Schwerpunkt der Rüstung auf den Sektor der Luftwaffe und Marine zu legen
10.7.	Deutsche Flugzeuge greifen erstmals mit stärkeren Kräften militärische Ziele in Südengland an. Beginn der Luftangriffe auf englische Geleitzüge im Kanal
16.7.	Weisung Hitlers für den Angriff auf England (Unternehmen »Seelöwe«)
19.7.	Reichstagsrede Hitlers mit »Siegerehrung«: Göring wird »Reichsmarschall«, 12 Generäle und Generalobersten werden zu Generalfeldmarschällen ernannt. Am Schluß seiner Rede richtet Hitler einen »Appell an die Vernunft auch in England«
22.7.	Der englische Außenminister Lord Halifax weist in einer Rundfunkansprache das deutsche »Friedensangebot« offiziell zurück
31.7.	In einer Besprechung mit dem OB der Kriegsmarine Raeder nimmt Hitler als Zeitpunkt für die geplante Landung in England den 15. September in Aussicht. In einer anschließenden Besprechung mit v. Brauchitsch und Halder gibt Hitler seinen Entschluß bekannt, im Frühjahr 1941 Rußland anzugreifen
13.8.	»Adlertag« – Beginn des verschärften Luftkriegs gegen Großbritannien
17.8.	Die Reichsregierung verhängt die totale Blockade gegen England. Italien folgt am 28. 8.
25./26. und 28./29.9.	Britische Luftangriffe auf Berlin
31.8.	Bisheriges Ergebnis der Luftschlacht über England: 4779 Flugzeuge im Einsatz, 4447 t Sprengbomben, 191 t Brandbomben abgeworfen. Deutsche Verluste: 252 Jäger und 215 Bomber. Britische Verluste: 359 Flugzeuge
7.9.	Schwere deutsche Luftangriffe auf London und britische Flugplätze. Es folgen 65 Tage lang Nachtangriffe gegen die britische Hauptstadt
14./15.9.	Luftangriffe der RAF gegen Schiffsziele in den Häfen der belgisch-französischen Küste. Die dort bereitgestellte Transportflotte für das Unternehmen

Mit erleuchteten Positionslichtern rollt eine Dornier Do 217 zum Start. Mit diesem schweren Nachtbomber bestritt die Luftwaffe 1942 ihre sogenannten Baedeker-Angriffe gegen England.

	»Seelöwe« erleidet empfindliche Verluste
17.9.	Hitler verschiebt das Unternehmen »Seelöwe« wegen der fehlenden deutschen Luftherrschaft »bis auf weiteres«
21.10.	Hitler entscheidet, „daß die Vorbereitungen für eine Landung in England von jetzt an bis zum Frühjahr 1941 lediglich als politisches und militärisches Druckmittel auf England aufrechtzuerhalten sind«
23./24.10.	Bei Zusammenkünften mit Spaniens Regierungschef Franco in Hendaye und mit Marschall Pétain in Montoire versucht Hitler vergeblich, diese in seinen Krieg gegen England hineinzuziehen
31.10.	Zwischenbilanz der Luftschlacht um England: bisher 1733 deutsche, 915 britische Flugzeuge abgeschossen, 15000 Tote, 21000 Verletzte unter der britischen Zivilbevölkerung
12.-14.11.	Besuch des sowjetischen Außenministers Molotow in Berlin. Unterredungen mit Hitler und v. Ribben-

	trop über den Beitritt der UdSSR zum Dreimächtepakt und die Aufteilung der Welt in Interessensphären nach der Niederlage Englands
14./15.11.	449 deutsche Flugzeuge werfen 503 t Sprengbomben und 881 Brandschüttkästen auf Coventry: 554 Tote und 865 Schwerverletzte
15./16.11.	Schwere deutsche Luftangriffe auf London, fortgesetzt am 29./30. 11., 8./9., 27./28. 12. und 29./30. 12.
16./17.11.	Britische Bombenangriffe auf Hamburg
16./17.12.	Britische Bombenangriffe auf Mannheim
18.12.	Hitlers Weisung „Barbarossa" für den Angriff auf Rußland
20./21.12.	Schwere deutsche Luftangriffe auf Liverpool

1941

10.1.	Einbringung der Gesetzesvorlage für die Pacht- und Leihhilfe im amerikanischen Kongreß
11./12.1.	Schwere deutsche Luftangriffe auf London
6.2.	Hitler erläßt die Weisung Nr. 23 „Richtlinien für den Kampf gegen die englische Wehrwirtschaft«
1.-7.5.	Nachtangriffe auf Liverpool. Die Umschlagkapazität des Hafens sinkt für einige Zeit auf 25 Prozent ab
8./9.5.	Deutsche Luftangriffe auf Hull, Nottingham und Sheffield. Gegenangriffe der RAF mit über 300 Bombern gegen Hamburg und Bremen
10./11.5.	Mehr als 500 deutsche Flugzeuge werfen 711 t Sprengbomben und 2393 Brandschüttkästen auf London: Rund 2000 Brände, 1212 Tote und 1769 Schwerverletzte sind das Ergebnis. Letzter Großangriff für drei Jahre.

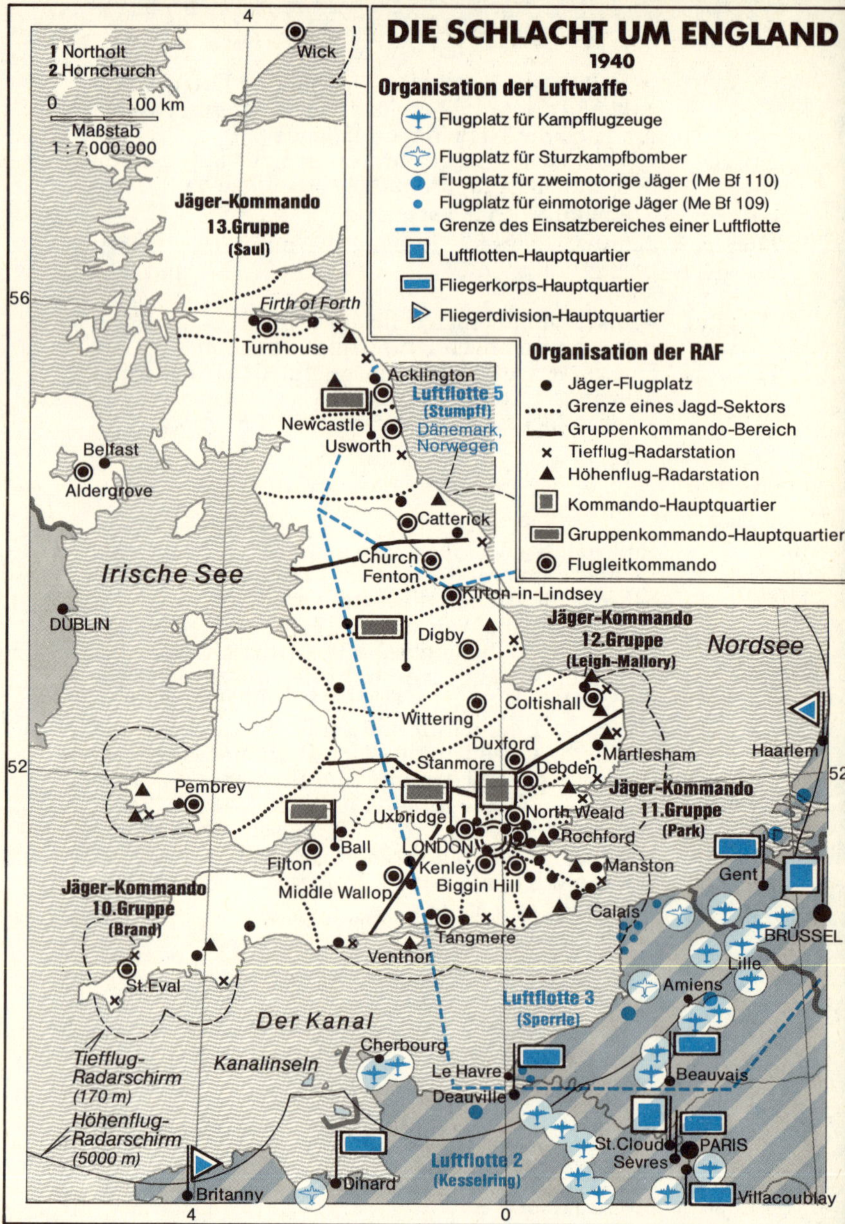

DIE SCHLACHT UM ENGLAND
1940
Organisation der Luftwaffe
Flugplatz für Kampfflugzeuge
Flugplatz für Sturzkampfbomber
Flugplatz für zweimotorige Jäger (Me Bf 110)
Flugplatz für einmotorige Jäger (Me Bf 109)
Grenze des Einsatzbereiches einer Luftflotte
Luftflotten-Hauptquartier
Fliegerkorps-Hauptquartier
Fliegerdivision-Hauptquartier
Organisation der RAF
Jäger-Flugplatz
Grenze eines Jagd-Sektors
Gruppenkommando-Bereich
Tiefflug-Radarstation
Höhenflug-Radarstation
Kommando-Hauptquartier
Gruppenkommando-Hauptquartier
Flugleitkommando
1 Northolt
2 Hornchurch
0
100 km
Maßstab
1 : 7,000.000
4
56
52
0
Wick
Jäger-Kommando
13.Gruppe
(Saul)
Firth of Forth
Turnhouse
Acklington
Luftflotte 5
(Stumpff)
Dänemark, Norwegen
Newcastle
Usworth
Belfast
Aldergrove
Catterick
Church Fenton
Irische See
Kirton-in-Lindsey
DUBLIN
Digby
Jäger-Kommando
12.Gruppe
(Leigh-Mallory)
Nordsee
Coltishall
Wittering
Duxford
Martlesham
Haarlem
Stanmore
Debden
Pembrey
Jäger-Kommando
11.Gruppe
(Park)
Uxbridge
North Weald
Rochford
Filton
Ball
LONDON
Kenley
Manston
Gent
Biggin Hill
Middle Wallop
Jäger-Kommando
10.Gruppe
(Brand)
Calais
BRÜSSEL
Tangmere
Ventnor
Lille
St.Eval
Amiens
Luftflotte 3
(Sperrle)
Der Kanal
Tiefflug-Radarschirm
(170 m)
Cherbourg
Kanalinseln
Le Havre
Beauvais
Deauville
Höhenflug-Radarschirm
(5000 m)
St.Cloud
PARIS
Sèvres
Luftflotte 2
(Kesselring)
Dinard
Britanny
Villacoublay

DIE BRITISCHE LUFT-ABWEHR

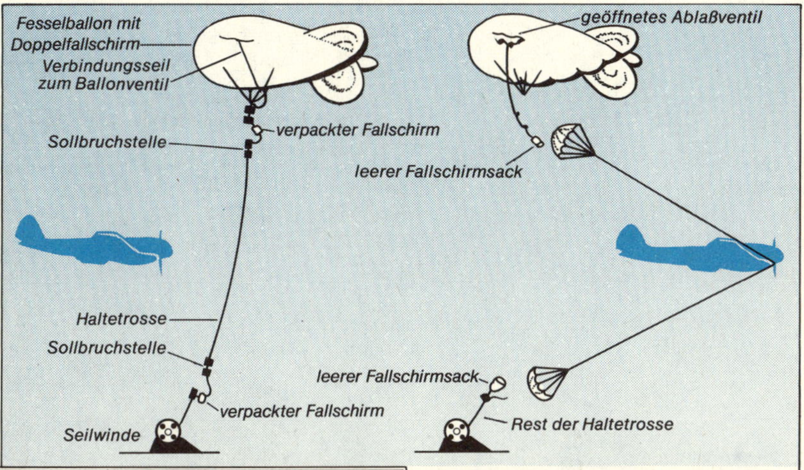

Die Funktionsweise der Fessel- oder Sperrballone war einfach: Stieß ein Flugzeug gegen die Ballontrosse, so riß diese an zwei Sollbruchstellen. An den Trossenenden öffneten sich Fallschirme, die das Flugzeug mitschleppen mußte. Der jähe Luftwiderstand brachte das Flugzeug zum Absturz. Das Abreißen der Trosse verursachte gleichzeitig das Öffnen des Ablaßventils, das Gas strömte aus und der Ballon sank langsam nieder.

- »Indicator«-Bereich. Hier sind in Abständen von 9500 m Scheinwerfer aufgebaut.
- »Killer«-Bereich. Der Abstand von Scheinwerfer zu Scheinwerfer beträgt in dieser Zone 5485 m.
- Von Flakartillerie geschützte Gebiete

Der Einsatz der Flakscheinwerfer wurde gegen Ende 1941 neu geregelt und blieb bis zum Ende des Krieges unverändert. In sogenannten »Indicator«- (Anzeige) und »Killer«- (Abschuß) Bereichen aufgestellt, konnten die Scheinwerfer die Nachtjäger bei der Bekämpfung einfliegender feindlicher Maschinen wesentlich unterstützen.

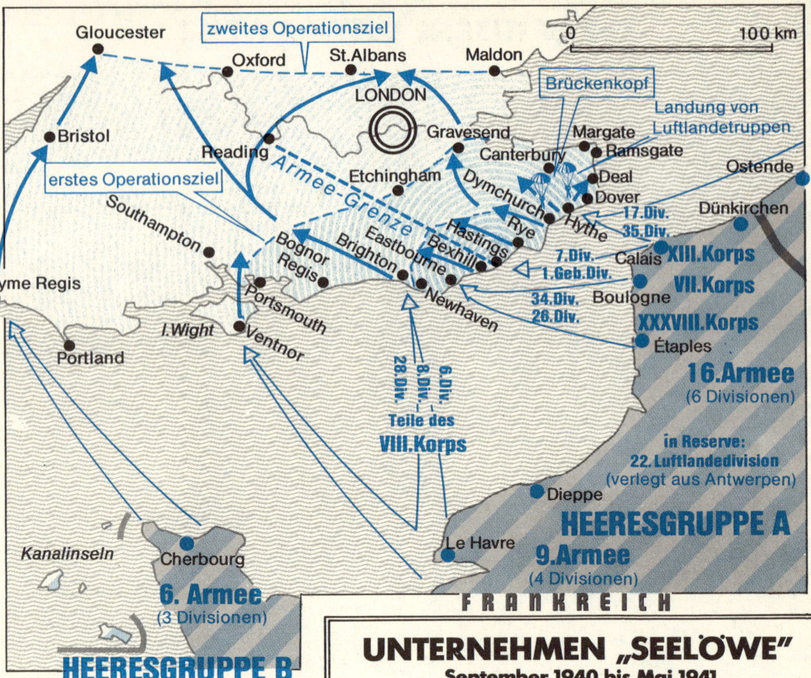

UNTERNEHMEN „SEELÖWE"

September 1940 bis Mai 1941

Verluste an Kampfflugzeugen zwischen 13.8. und 15.9.1940

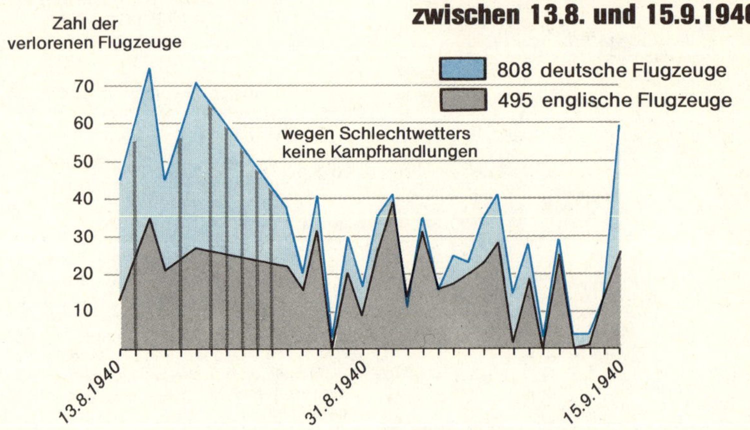

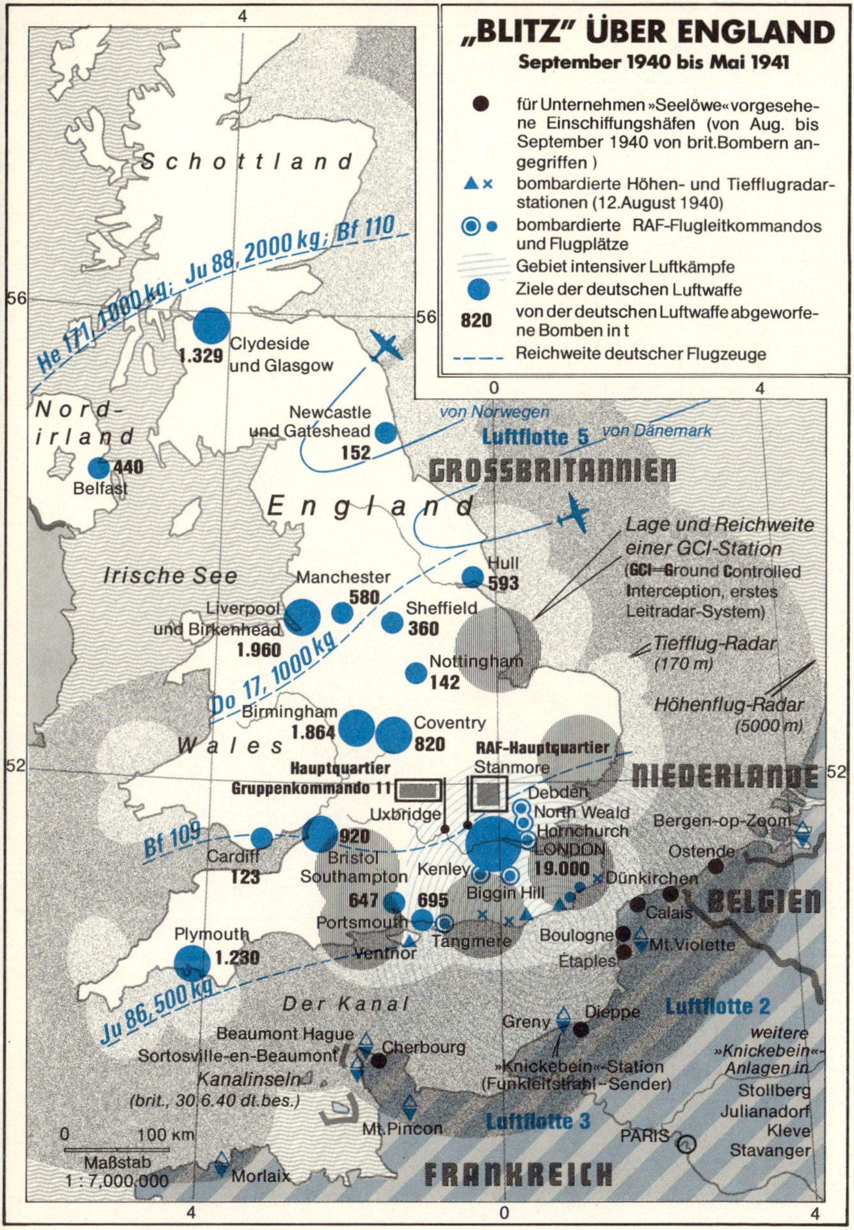
„BLITZ" ÜBER ENGLAND
September 1940 bis Mai 1941
für Unternehmen »Seelöwe« vorgesehene Einschiffungshäfen (von Aug. bis September 1940 von brit. Bombern angegriffen)
bombardierte Höhen- und Tiefflugradarstationen (12. August 1940)
bombardierte RAF-Flugleitkommandos und Flugplätze
Gebiet intensiver Luftkämpfe
Ziele der deutschen Luftwaffe
820 von der deutschen Luftwaffe abgeworfene Bomben in t
Reichweite deutscher Flugzeuge
Schottland
He 111, 1000 kg; Ju 88, 2000 kg; Bf 110
1.329 Clydeside und Glasgow
Nordirland
440 Belfast
Newcastle und Gateshead 152
von Norwegen
Luftflotte 5
von Dänemark
GROSSBRITANNIEN
England
Irische See
Manchester 580
Liverpool und Birkenhead 1.960
Sheffield 360
Hull 593
Lage und Reichweite einer GCI-Station (GCI = Ground Controlled Interception, erstes Leitradar-System)
Tiefflug-Radar (170 m)
Höhenflug-Radar (5000 m)
Nottingham 142
Do 17, 1000 kg
Birmingham 1.864
Coventry 820
Wales
RAF-Hauptquartier Stanmore
Hauptquartier Gruppenkommando 11
Uxbridge
Debden
North Weald
Hornchurch
LONDON 19.000
NIEDERLANDE
Bergen-op-Zoom
Ostende
Dünkirchen
Calais
BELGIEN
Bf 109
Cardiff 123
920 Bristol
Southampton 647
Portsmouth 695
Kenley
Biggin Hill
Tangmere
Ventnor
Boulogne
Mt. Violette
Étaples
Plymouth 1.230
Ju 86, 500 kg
Der Kanal
Luftflotte 2
Greny
Dieppe
Beaumont Hague
Sortosville-en-Beaumont
Cherbourg
Kanalinseln (brit., 30.6.40 dt. bes.)
»Knickebein«-Station (Funkleitstrahl-Sender)
weitere »Knickebein«-Anlagen in Stollberg Julianadorf Kleve Stavanger
Mt. Pincon
Luftflotte 3
PARIS
0 100 km Maßstab 1 : 7,000,000
Morlaix
FRANKREICH

Register

Verzeichnis der benutzten Quellen

Heinz Boberach (Hrsg.), Meldungen aus dem Reich. Auswahl aus den geheimen Lageberichten des Sicherheitsdienstes der SS 1939-1944. Neuwied - Berlin 1965

Willi A. Boelcke (Hrsg.), Wollt ihr den totalen Krieg? Die geheimen Goebbels-Konferenzen. München 1969 (= dtv dokumente 578)

Angus Calder, The People's War. Britain 1939-1945. London 1969

Winston S. Churchill, Der zweite Weltkrieg. Bd. II. Bern - München - Wien 1953

Hans-Adolf Jacobsen (Hrsg), 1939-1945. Der Zweite Weltkrieg in Chronik und Dokumenten. Darmstadt 1961

Hans-Adolf Jacobsen u. Hans Dollinger (Hrsg.), Der Zweite Weltkrieg in Bildern und Dokumenten. Bd. I. München - Wien - Basel 1962

Hans-Adolf Jacobsen u. Jürgen Rohwer (Hrsg.), Entscheidungsschlachten des Zweiten Weltkrieges. Frankfurt/M. 1960

Lexikon des Zweiten Weltkrieges. München 1977

Weltkriege und Revolutionen 1914-1945. München 1961 (= Geschichte in Quellen 5)

Bilder wurden zur Verfügung gestellt von Ullstein Bilderdienst, R. Steinberg, K. Zentner